Peter Tenhaef

"neue Religion stiften"?

Peter Tenhaef

"neue Religion stiften"?

Kritische Gedanken eines Laien in der Krise des Christentums

Fromm Verlag

Imprint

Cover image: www.ingimage.com

Publisher:
Fromm Verlag
is a trademark of
International Book Market Service Ltd., member of OmniScriptum Publishing Group
17 Meldrum Street, Beau Bassin 71504, Mauritius

Printed at: see last page
ISBN: 978-613-8-35479-6

Inhalt

Vorwort

Brauchen wir eine neue Religion? Diese Frage ist seit über 200 Jahren des Öfteren gestellt worden, zuerst von Romantikern wie Friedrich Schlegel, Novalis und Friedrich Schleiermacher, die das traditionelle Christentum für überlebt hielten, d.h. eine existentielle Antriebskraft darin vermissten. Entgegen den Erwartungen sowohl der Romantiker als auch vieler Aufklärer wie Voltaire konnte sich das Christentum jedoch in der Restaurationsära (seit 1815) noch einmal stabilisieren, in den nichtsozialistischen Ländern in schwächerer Form zuletzt auch noch nach dem Zweiten Weltkrieg.

Spätestens seit den 60er Jahren des vorigen Jahrhunderts unterliegt das Christentum nun aber, zumindest in Europa, unleugbar wachsenden Erosionserscheinungen. Die Kirchenaustritte mehren sich, die Kirchen werden leerer und leerer, – inzwischen auch die katholischen –, Kirchengemeinden werden notgedrungen allenthalben zusammengelegt, und eine päpstliche weltweite Umfrage muss feststellen, dass nur die wenigsten Gläubigen tatsächlich noch alles das glauben, was die Kirchenoberen für unverzichtbar halten, etwa was im Glaubensbekenntnis steht. Etliche Noch-nicht-Ausgetretene sind lediglich „Kulturchristen“ oder „Gewohnheitschristen“. Von Alarm oder Panik ist bei den verbliebenen Gläubigen indessen wenig zu spüren. Entweder setzt man bewusst auf die „kleine Herde“, den harten Kern, der am Ende übrigbleiben soll, oder man ist einfach nicht bereit, aus seinen herkömmlichen Gewohnheiten aufzubrechen, weil man in der Religion vor allem eine fundamentale Beruhigung sucht und keinen „Aufbruch“. – Jesus sprach von „Umkehr“.

Ich selber gehöre seit Jahrzehnten zu den „Ausgetretenen“. Und doch lässt mich das Schicksal des Christentums und sogar das der Kirchen nicht kalt. Denn ich kann das Feld der Religion, auf dem sie ackern, nicht als ein Hobbyspielfeld für beliebige Freizeitaktivitäten betrachten; vielmehr sehe ich in der Religion nach wie vor die tiefste, existentiell unverzichtbare Dimension für uns Menschen, deren Verlust eine geistige Katastrophe ersten Ranges ist oder wäre. Denkt man überdies an die vielen respektablen sozialen Dienste und persönlichen Zuwendungen, die nach wie vor von den kirchlichen Vertretern und vielen „Ehrenamtlichen“ ausgehen, wäre der Verlust auch eine humanitäre Katastrophe. Von daher fühle ich mich fortwährend angesprochen, auf die Probleme mögliche Antworten zu suchen, sei es durch neue, verbesserte, unserem gegenwärtigen Horizont gemäße Interpretationen des Christentums oder durch ganz andere, alternative Ansätze.

Die Religionen, und nicht zuletzt das Christentum, sind im Laufe der Jahrhunderte von vielen ihrer Vertreter für zahllose entsetzliche Dinge missbraucht worden, die aller Kritik würdig sind; trotzdem sehe ich in der grassierenden Religionslosigkeit die Gefahr, das Kind mit dem Bade auszuschütten. Ohne die religiöse Tiefendimension wird die Welt zu einem Gefängnis der stummen „Tatsachen“, in dem am Ende alle starken Resonanzen erstickt werden. Die existentielle Atemnot ist in unserer Gesellschaft zunehmend erkennbar und beklemmend.

Ich bin kein Theologe, sondern habe beruflich als Musikwissenschaftler gearbeitet; als solcher habe ich mich zwar vielfach auch mit Kirchenmusik befasst, doch spielt diese kulturhistorische Sicht für die fundamentalen Themen dieses Buches kaum eine Rolle. Gerade meine Perspektive als Laie, als Nicht-Fachmann und „Ausgetretener“ könnte aber in meinen Antwortversuchen für manche Leser ein erhellendes und weiterführendes Licht auf die Probleme werfen. Darum will ich auch gar nicht erst mittels zahlreicher Anmerkungen, akribischer Quellennachweise etc. einen wissenschaftlichen (und damit distanzierten) Anschein erwecken, vielmehr bekennen sich meine Auslassungen von vornherein zur informellen, subjektiven Perspektive. Das gilt natürlich in besonderer Weise für die Briefe im zweiten Teil dieser kleinen Publikation. Für den ersten Teil habe ich eine lose Folge von Essays zusammengestellt, die in den letzten zwei Jahren entstanden sind, aber nicht als Einheit geplant waren; von daher enthalten sie, wie die Briefe, manche Überschneidungen, die ich wegen des Argumentationszusammenhangs häufig nicht eliminiert habe. Zum Teil sind die Essays auf eine/n bestimmte/n Leser/in hin geschrieben, die Briefe ohnehin. Ich habe diese fast unverändert gelassen und nur einige ganz persönliche Passagen ausgeklammert. Natürlich wäre es auch reizvoll, die Antworten der Adressierten mit abzudrucken, doch könnte das zu sehr ihre persönliche Sphäre tangieren; darum muss es unterbleiben. Wo ich die Briefpartner auf ihre veröffentlichten Bücher hin anschreibe, habe ich ihre Namen ausgeschrieben.

Klar ist in allen Fällen – auch da, wo mir ein allzu apodiktischer Ton unterlaufen ist –, dass die Essays und Briefe nicht auf ein festes, neuartiges „System“ hinaus wollen, vielmehr auf einen veränderten, sowohl kritischen als auch persönlich-lebendigen Umgang mit religiösen Fragen.

Ich widme dieses Büchlein meinem Freund Michael Pothmann, dem ich nicht nur für die sorgfältige Durchsicht des Manuskripts danke, sondern für zahllose anregende Gespräche und Briefe seit fast einem halben Jahrhundert. Ebenfalls danke ich Dr. Friederike Werschkull für den kritischen Dialog.

Leist in Pommern, Februar 2019 Peter Tenhaef

Gedanken eines Laien zum Verschwinden des Christentums

Theologen haben es heutzutage nicht leicht. So ungerechtfertigt sie in früheren Jahrhunderten privilegiert waren, so wenig Respekt genießen sie heute. Sind sie traditionskonform, werden sie fast nur noch von ihren jeweiligen Kirchenoberen und einigen traditionell Gläubigen geschätzt, ansonsten mehr oder weniger missachtet. Sind sie kritisch, gar fundamentalkritisch, werden sie vor die Tür gesetzt. In beiden Fällen werden sie von der breiten Öffentlichkeit wie von der akademischen Kollegenschaft weithin ignoriert oder gar verspottet und in ihrer Existenzberechtigung angegriffen.

Dabei verdienen die kritischen Theologen meines Erachtens heute einen mehrfachen Respekt, zum einen weil sie auf weithin verlorenem Posten das tun, was sie für richtig halten, indem sie sich in ihrer Wahrheitssuche nicht beirren lassen, zum andern weil ihre wissenschaftliche Methodik dazu geführt hat, dass endlich alles an den Tag kommt, was an den Tag kommen kann und soll, oft gegen ihre eigene anfängliche Intention. Sie gehören damit im besten Fall zu den Gelehrten, die ihre Methodik mit einer solchen Konsequenz zur Vollendung bringen, dass sich der Gegenstand darunter in einem neuen Licht transformiert und er sich schließlich in seiner ursprünglichen Form erledigt hat. Ein gutes Beispiel dafür ist etwa Immanuel Kant, der die Aufklärung so weit getrieben hat, bis ihre Grenzen sichtbar wurden – in der Erkenntnis, dass wir nie die Dinge an sich erkennen können, sondern immer nur ihre Phänomene. Die Naturwissenschaftler (wie die weniger reflektierten Aufklärer) hat das freilich nicht gestört, zumindest bis ins 20. Jahrhundert nicht. Vielleicht ist aber die naturwissenschaftliche Entwicklung seit diesem letzten Jahrhundert ein konsequentes Vorstoßen bis an die eigenen Grenzen. Der frühere Anspruch, alles erklären zu können, „was die Welt im Innersten zusammenhält", wirkt jedenfalls schon einigermaßen altmodisch, wo er sich noch vorwagt.

Zurück zur theologischen Aufklärungsarbeit an Dingen, über denen lange der Schleier des Mysteriums ausgebreitet war. Dieser Schleier wurde nämlich von jeher auch für Dinge missbraucht, die gar kein Mysterium sind, sondern einfach menschliche Verwirrung, Schwachheit oder gar direkter Betrug – womit beileibe nicht unterstellt werden soll, dass es in dieser Welt gar keine Mysterien gebe, d.h. letzte Fragen, die nicht beantwortet werden können.

Einige grobe Betrügereien kirchlicher Art fielen trotz Schleier schon immer in die Augen. Eine der dreistesten Fälschungen der christlichen Geschichte war die sogenannte Konstantinische Schenkung. Danach hatte Kaiser Konstantin der Große († 337) dem Papst den Kirchenstaat geschenkt, ja eigentlich zu dessen Gunsten auf die ganze westliche Hälfte des Römischen Imperiums verzichtet. Diese Fälschung des achten Jahrhunderts, die sowohl in politischer wie in religiöser Hinsicht von einer außerordentlichen Unverfrorenheit zeugt, galt schon manchem mittelalterlichen Gelehrten und Laien als verdächtig, konnte aber erst im 15. Jahrhundert eindeutig als Fälschung entlarvt werden. Geändert hat das an den politischen Realitäten der Kirche zunächst aber nicht das Geringste.

Dass die Kirche um 1500 einen neuen Höhepunkt der weltlichen Machtbesessenheit erreicht hatte, war freilich auch für den einfältigen Laien nicht mehr zu übersehen. Von daher ist zu erklären, weshalb die Reformation so schnell und auf breiter Front Anklang fand. Die katholische Kirche hat dann zwar durch die Gegenreformation bzw. „Katholische Reform" wieder einiges an Respekt und Boden zurückgewonnen, doch blieb immer viel von der Diskreditierung hängen, zumal ihr Widerstand gegen aufklärerische Tendenzen die ganze Neuzeit über anhielt.

Dass die protestantische Aufwertung des Individuums als religiöses Subjekt – statt der Gemeinschaft der Gläubigen – direkt auf die Aufklärung und ihre Freiheit hinauslaufe, scheint mir freilich eine zu positive Unterstellung zu sein. (Vermutlich basiert sie auf einer verständnislosen Übertragung der „Freiheit eines Christenmenschen" vom geistlichen in den weltlichen Bereich, die Luther ausdrücklich ausschloss.) Die Reformatoren waren sich vielmehr alle mit Luther einig, dass man (auch weiterhin) „Gehorsam zu leisten" habe, und das nicht nur in weltlichen, sondern auch in geistlichen Dingen. (*De servo arbitrio,* Schluss: „Ich aber habe in diesem Buch nicht Ansichten ausgetauscht, sondern ich habe feste Behauptungen aufgestellt und stelle feste Behauptungen auf. Ich will auch keinem das Urteil überlassen, sondern rate allen, dass sie Gehorsam leisten.") Immerhin war die Kirche, auch durch die weitere Aufsplitterung, in ihrem absoluten Anspruch, nicht zuletzt in ihrer theologischen Dogmatik, relativiert – zugunsten des Wortes Gottes in der Heiligen Schrift, vor allem im urchristlichen Neuen Testament.

Nun ist es mit diesem Wort Gottes allerdings nicht so einfach bestellt, wie man es gerne hätte. Schon Erasmus von Rotterdam fand, dass die Bibel „korykischen Höhlen" gleiche, in die man sich umso mehr verirren könne, je weiter man in sie eindringe. Luther wies das zwar entschieden zurück mit der Ansicht, der Heilige Geist könne sich nicht widersprechen und im Licht des Glaubens sei die Bibel eindeutig und keineswegs widersprüchlich; aber die spätere Entwicklung sollte Erasmus (wie so oft) Recht geben. Nach der orthodoxen Phase des Protestantismus war es gerade ein Verdienst protestantischer Theologen seit dem 18. Jahrhundert, die exegetische Analyse des Alten und Neuen Testaments vorangebracht zu haben. Hinzu kamen vor allem im 20. Jahrhundert gründliche Studien zum Umfeld des frühen Christentums. All das hat immer deutlicher hervortreten lassen, dass der Glaube der frühen Christen sehr uneinheitlich war – dabei hat sich die paulinische Version im Wesentlichen durchgesetzt -, dass die verschiedenen Sektionen keineswegs tolerant zu einander standen und dass sich ihr Glaube auf jeden Fall in etlichen Punkten deutlich von dem unterschied, was Jesus selbst als Wanderprediger vertreten hat. Schon früher musste es den Christen aufgefallen sein, dass im 325 in Nicäa verabschiedeten Glaubensbekenntnis zwar von Jungfrauengeburt, Kreuzigung, Auferstehung und göttlicher Trinität die Rede ist, aber mit keinem Wort von dem, was Jesus gelehrt hat. (Auch mit seinen Forderungen, Jesus hauptsächlich als Lehrer zu sehen und die Liebe wichtiger zu nehmen als den Glauben, stand Erasmus zu seiner Zeit ziemlich alleine da.)

Von Seiten der kirchlichen Obrigkeit, aber auch von vielen engagierten Laien wird den kritischen Theologen oft vorgeworfen, sie demontierten mutwillig den Glauben. Dabei wird kaum gesehen, dass dieser Glaube unterschwellig schon längst erodiert ist und die Theologie (verspätet) darauf reagiert, weil die Unwahrhaftigkeit nicht länger auszuhalten ist. Gerade die Geschichte der protestantischen Gesellschaften zeigt spätestens seit der Aufklärung des 18. Jahrhunderts eine allgemeine Verweltlichungstendenz, so dass ihre Kirchen, die ursprünglich eine Radikalisierung des Glaubens im Sinne hatten, seitdem als besonders „liberal" gelten. Ausgenommen davon sind fundamentalistische evangelikale Gruppen, die in einer aggressiven Diskrepanz zur neuzeitlichen Entwicklung leben und eine emphatische Horizontverengung pflegen. Inzwischen ist die Erosion der evangelischen Kirchen so weit fortgeschritten, dass diese vielerorts nur noch „als Leichen über der Erde stehen". Darüber können auch die gut besuchten Kirchentage oder das Reformationsjahr 2017 nicht wirklich hinwegtäuschen. Unter der Hand hörte man schon die Frage: „Ob es uns bei der nächsten Jahrhundertfeier noch gibt?" – Tatsächlich haben sich die Redeweise und oft auch die Inhalte vor allem evangelischer Kirchenvertreter, zumal in den Medien, soweit säkularisiert, dass sie kaum noch religiöses Gewicht und Ausstrahlung vermitteln; oft wirkt ihre konventionelle Rede nur notdürftig mit ein paar christlichen Formeln dekoriert. Es ist aber ungerecht von einer „Anbiederung der evangelischen Kirchen an den Zeitgeschmack" zu sprechen, wenn dieser Zeitgeschmack bei ihren Führern innen schon da ist; da brauchte man sich gar nicht mehr „anzubiedern".

Vielleicht hat schon die von Luther vertretene „Zwei-Reiche-Lehre", die ein geistliches und ein weltliches Regiment unterscheidet, unbeabsichtigt der Religion im Kern den Boden entzogen. Die katholische Lehre beharrte demgegenüber darauf, dass Geistliches und Weltliches letzten Endes nicht zu trennen seien. Damit blieb sie zwar gewissermaßen mittelalterlich, doch zeigt ihre Verweigerung zur Modernisierung – der Höhepunkt war wohl der entschlossene Anti-Modernismus Pius' X. (1903-1914) – ein Gespür dafür, dass Religion den ganzen Menschen betreffen muss; sonst ist sie keine. Der Konservativismus, mit dem die katholische Kirche während der Restauration nach den napoleonischen Kriegen und in schwächerer Form nach dem Zweiten Weltkrieg noch einmal Erfolge hatte, hat sich indes abgenutzt, weil er immer weniger Glaubwürdigkeit vermittelte. Das erkannte schon Johannes XXIII., als er das Zweite Vatikanische Konzil einberief. Was darauf folgte, war ein ziemlich hilfloses Hin und Her zwischen Modernisierung und Rückschritt. Aufschlussreich ist hier das Bild, das Johannes Paul II. abgab: einerseits erstaunlich schonungslos in seiner Kritik, was die schweren Verfehlungen innerhalb der katholischen Kirchengeschichte betrifft (Inquisition etc.), dazu weltläufig in seinem Auftreten, andererseits erzkonservativ in dogmatischen und exegetischen Anschauungen. Die Aufdeckung zahlloser Missbrauchsfälle gerade innerhalb des Klerus hat die katholische Kirche noch mehr Glaubwürdigkeit gekostet; der Vorwurf der Scheinheiligkeit war nicht mehr von der Hand zu weisen. Der derzeitige Papst Franziskus bemüht sich zwar, um einen neuen Kurs, auch was die Auffassung von der Unfehlbarkeit seines Amtes betrifft, aber dieses sympathische Umsteuern dürfte zu spät kommen. Die Erosion ist auch in der katholischen Kirche längst weit fortgeschritten. Nach einer päpstlicherseits initiierten weltweiten Umfrage glauben nur noch die wenigsten Katholiken das, was die Kirche lehrt, noch weniger halten sich daran. Bewundernswert ist immerhin der Mut zu einer solchen Umfrage.

Womöglich kommt die Reform aber nicht nur einige Jahrzehnte zu spät, sondern Jahrhunderte, womöglich 1700 Jahre. Seitdem in Nicäa das Glaubensbekenntnis (gegen die arianischen Christen) dogmatisch festgeklopft wurde, gab es im Grunde keine Möglichkeit einer „Rückkehr zu Jesus" mehr. Nicht nur die machtpolitische Ausrichtung der Kirche seit der Konstantinischen Wende war ein entschiedener Schritt weg von der jesuanischen Botschaft, auch die Hoffnung der Protestanten auf den festen Boden des Urchristentums war trügerisch. Denn schon dieses war voller Zwistigkeiten und mehr oder weniger gewaltsamer Umdeutungen der (mutmaßlichen) jesuanischen Botschaft. Wäre das Christentum "erst" seit 1700 Jahren verunstaltet, wäre es vielleicht durch gründliche Reformen zu erneuern, obwohl schon das angesichts fest etablierter Traditionen höchst unwahrscheinlich wäre. Da es jedoch von Anfang an, seit dem Tod Jesu, eine fast ganz neue Sache geworden ist, scheint eine durchgreifende Veränderung unmöglich zu sein. In so einem Fall dürfte es tatsächlich das Beste für die Kirchen sein –

und so sind sie ja im Wesentlichen verfahren –, sich nicht zu sehr auf die jesuanische Botschaft zu berufen, sondern lieber weiter ihr eigenes dogmatisches Ding zu machen. Das Dumme ist nur, dass heute die Botschaft Jesu vom Reich Gottes durchaus noch immer ein gesellschaftsveränderndes Potential hätte, was in der gegenwärtigen Situation geradezu „notwendig" sein könnte, nicht aber die kirchlichen Traditionen, die mit ihrem ganzen dogmatischen und kultischen Ballast für müde Etabliertheit und nicht für Veränderung stehen. Jesus ist im Laufe der vielen kirchlichen Jahrhunderte nie von „seiner" Kirche vertreten worden, sondern immer nur von Individuen, die sich gegen den kirchlich-gesellschaftlichen Mainstream gestellt haben. Die Kirchen haben sich überlebt – dieses Überlebtsein scheint in unseren Tagen in breiten Schichten offensichtlich zu werden – und sind überfordert damit, auf Jesus zurückzukommen. Kann man ihnen mehr wünschen, als möglichst in Würde unterzugehen?

Reaktionäre Kreise in der katholischen Kirche treibt die Frage um: „Liebt der Papst die Kirche?" Es könnte in der Tat sein, dass der Papst Jesus und seine Botschaft mehr liebt als die Kirche. Aber das zeigt nur, dass es in der Kirche immer wieder einige respektable Personen gibt, die der allgemeinen Korruption nicht verfallen sind. Immerhin! Aber die Kirche retten wird das kaum. (Erinnert sei hier – schwerfälligen Angedenkens – an den Reformpapst Hadrian VI., der nach kurzem Pontifikat 1523 starb, vermutlich auf Betreiben der Kurie ermordet wurde.)

Die Grundlagen der Kirchen haben ihre Glaubwürdigkeit weitgehend eingebüßt. So gut wie alle Sätze des Glaubensbekenntnisses sind den meisten Menschen heute nicht nur ferngerückt, sondern stoßen – anders als vor Jahrhunderten – auf schieres fundamentales Unverständnis, entsprechend die christlichen Feiertage. Man fragt sich heute, wie man dergleichen allen Ernstes jahrhundertelang glauben konnte. Nun, in vorwissenschaftlichen Zeiten mochte man noch leichter an Wunder glauben. Aber die jungfräuliche Geburt Jesu hätte man auch schon früher als symbolische Überhöhung parallel zu griechischen Gottheiten erkennen können oder als Verdeckung von Jesu womöglich un- oder vorehelicher Geburt. Und haben wirklich alle geglaubt, dass der furchtbare Tod Jesu ein gottgewolltes Sühneopfer zur Vergebung der Sünden aller Menschen sei? Immerhin soll Petrus Abaelard das im 12. Jahrhundert abgelehnt haben, Karl Rahner auch und noch etliche andere. Eigentlich haben schon die jüdischen Propheten gegen der Opferkult gepredigt, von Menschenopfern ganz zu schweigen. Was für ein Gottesbild steht dahinter?! Dass die Christen das Kruzifix vor sich hertragen – was übrigens im ältesten Christentum nicht so war –, hat von jeher alle Heiden abgestoßen, aber auch etliche Christen. Ein Mensch wie Franz Schubert z.B., der seine persönliche Frömmigkeit darauf zurückführte, dass "ich mich zur Andacht nie forcire", nannte das Kruzifix „das gräßlichste Denkmal menschlicher Verworfenheit“. (Briefe Schuberts an seine Familie vom 25.7.1825 und an seinen Bruder Ferdinand vom 21.9.1825)

Dass die „Auferstehung“ nicht materieller Art war, sondern visionär-geistlicher, haben sicher auch einige Christen gedacht. Dem Theologen und Verteidiger der historischen Auferstehung Walter Künneth allerdings war es vor allem ein Anliegen, vor einer „Platonisierung des Christentums“ zu warnen. Dabei hätte allenfalls diese Vergeistigung oder Symbolisierung die Glaubwürdigkeit des Christentums retten können. Freilich sind die Christen an anderer Stelle recht ungeschickt mit der platonischen Tradition umgegangen. Die tiefsinnigen Zahlenspekulationen des Neuplatonikers Porphyrios glaubten sie gut für ihr im Glaubensbekenntnis formuliertes Dogma der Dreifaltigkeit gebrauchen zu können (obwohl Porphyrios ein entschiedener Gegner des Christentums war.) Da wäre man doch besser bei dem einfachen jesuanischen Gottesglauben geblieben, anstatt sich mit fremden, unpassenden Federn zu schmücken und damit alles durcheinanderzumengen.

Könnte eine neue auf Jesus aufgebaute Kirche eine Alternative sein? – Jesus hatte nicht im Sinn, so etwas wie eine Kirche zu gründen. Er wollte nur das konventionelle Judentum reformieren, gründlich reformieren. Denn auch wenn er sagt, es solle sich kein Jota vom Gesetz ändern, so hat er doch die ausgeprägte Gesetzesgläubigkeit der Juden sehr in Frage gestellt, man könnte fast sagen, ihre Religion im Kernbestand unterminiert.

Aber was wissen wir denn eigentlich von Jesu Botschaft? Lohnt es sich, ihr nachzugehen? Vielleicht ist sie zwar anders als die der nachösterlichen Kirche, aber kaum brauchbarer? Das „Kerygma“ der Kirche hat das meiste zugedeckt. Immerhin konnte man die nicht überlieferte Logienquelle, neben dem Markusevangelium die älteste ausführliche Quelle über das Auftreten Jesu, einigermaßen zuverlässig rekonstruieren. Und dann ist da noch das 1945 in Ägypten gefundene Thomasevangelium, das in seinen Ursprüngen manches Authentische zu enthalten scheint. In beiden Schriften ist von Kreuzigung und Auferstehung keine Rede. Vertieft man sich in die Welt dieser Reden, Gleichnisse, Wunder und Dämonenaustreibungen, so ist nicht zu leugnen, dass manches daran anziehend bleibt, anderes befremdend. (Auch insofern hatte Erasmus Recht, ähnlich wie Rudolf Bultmann.) Manches lässt sich modern interpretieren, aber es geht kein Weg daran vorbei, dass Jesus z.B. an die Existenz von Dämonen glaubte und an den Satan als ihren Anführer. Glauben wir das heute? – Zu vermuten ist, dass Jesus ungewöhnliche heilerische, vielleicht auch hellseherische Kräfte hatte. Aber die sind sicher übertrieben dargestellt (z.B. in der Erweckung des Lazarus) und tragen theologisch auch nicht allzu viel aus. (Wenn man die Lazarus-Erweckung theologisch wörtlich nähme, wäre übrigens nicht Jesus „der erste der Entschlafenen“, sondern Lazarus, was ein ganz schiefes christologisches Bild ergäbe.) So ist mir nicht recht klar, ob für Jesus der Glaube (an Gott oder an die Heilung?) für die Heilung zentral war oder das Bereuen der Sünde (welcher?) oder das Vertrauen auf seine eigene Kraft im angebrochenen Reich Gottes, weil er den Satan aus dem Himmel stürzen gesehen hatte. – Dass Jesu Glaube an das unmittelbar bevorstehende Ende der Welt ein Irrtum war, hat sich schon recht bald herumgesprochen, denn dies war beim besten Willen nicht zu leugnen.

Es ist auch nicht zu leugnen, dass Jesus auch in mancher anderen Hinsicht seine Grenzen hatte. Sein unerbittlicher Radikalismus scheint echt gewesen zu sein. (Man sollte ihn nicht voreilig als „orientalisch übertreibende Ausdrucksweise“ entschärfen.) Aber wer kann ihn ehrlich ertragen? Ist es wirklich angemessen, sich das Auge auszureißen, wenn es einem zum Ärgernis wird? Ist es nicht besser, seine Unzulänglichkeiten anzunehmen und sie zu bessern versuchen als sie auszumerzen? (So wie Konfuzius einem schwachen Anhänger antwortet: „Wer nicht den ganzen Weg schafft, geht eben nur den halben; aber das ist kein Grund, gar nicht erst loszugehen.) Geradezu empörend war Jesu Umgang mit seiner Mutter. („Weib, was habe ich mit dir zu schaffen?!“ (Joh 2,4) oder „Wenn jemand zu mir kommt und seinen Vater und seine Mutter ... nicht hasst, kann nicht mein Jünger sein.“ (Luk 14,26)) Jesus muss in seinem Familiensinn tiefgreifend gestört gewesen sein (wahrscheinlich noch mehr als Buddha). Es dürfte kaum eine Religion geben, deren „Gründer“ einen solchen Hass auf die eigene Familie hatte – wahrscheinlich nicht ohne Grund; trotzdem wirkt das Verhältnis pathologisch belastet. Die christlichen Kirchen, besonders die katholische, haben freilich alles getan, um diesen Sachverhalt nicht nur zu vertuschen, sondern geradezu ins Gegenteil zu verkehren, indem sie Jesu Mutter Maria und die „heilige Familie“ als Urbild aller christlichen Familien besonders ehren. Weihnachten als „Fest der (heiligen) Familie“ ist auch in der heutigen säkularen Gesellschaft höchst populär geblieben, wenn auch in mehrfacher Verformung.

Was bleibt, ist die Botschaft vom Reich Gottes – ungeachtet aller Brüche und Widersprüche in den Evangelien und möglicherweise auch beim historischen Jesus selbst. Sie scheint mir Grund genug zu sein, auf Jesus zurückzukommen. Was soll man unter dem „Reich Gottes“ verstehen? Der Begriff „Reich“ hat seit 1945 in deutschen Ohren keinen so guten Klang mehr wie in früheren Jahrhunderten; aber darauf kommt es nicht an. Ja, es kommt auch nicht unbedingt auf den Begriff „Gott“ an, zumal an ihm so viele krude

Assoziationen hängen. Aber ich sehe nicht, welcher Begriff ihn ersetzen könnte. „Gott“ verstehe ich als Stellvertreterbegriff für den letzten Grund und Sinn der Wirklichkeit, der sich niemals „erfassen“ lassen wird. Das Besondere am Gottesverständnis Jesu sehe ich darin, dass er diesen Begriff nicht abgespalten hat von der sonstigen Wirklichkeit (etwa in der Gegenüberstellung von Schöpfer und Schöpfung), vielmehr Gott im Wirklichen begegnet, an erster Stelle im „Nächsten“. (Die jüdische Abwertung der Natur – begründet in der fundamentalen Ablehnung der Naturreligionen – ist freilich auch bei Jesus und im Christentum ein gewisser „blinder Fleck“. Wir begegnen Gott im Menschen nur an erster Stelle, nicht ausschließlich dort.) Damit wird Gott nicht als „der ganz Andere“ in eine ferne himmlische Sonderwelt abgeschoben, sondern rückt ganz nah. Jesus drückt dieses Verhältnis größter Vertrautheit mit dem Wort „Abba“ aus. Es ist ein liebevolles Verhältnis, und zur Auswirkung kommt es im liebevollen Umgang der Menschen miteinander. Das heißt: Das Reich Gottes bricht da in der Gegenwart an; es kann nicht einfach aufs Jenseits verschoben werden, zumal es ein Jenseits im strikten Sinne gar nicht gibt. Man könnte dieses Gottes- und Nächstenverhältnis auch inklusiv nennen. Da ist nichts „draußen“, weder Gott noch der Andere, weder Lebende noch Tote, noch alles, was jemals war oder sein wird. Die Welt Jesu ist eben nicht dualistisch, sondern von Grund auf holistisch. Alles Einzelne würde ins Nichts fallen, wenn es nicht im Ganzen gehalten wäre. Diese Ganzheit hat eine mystische Dimension, ohne weltabgewandt zu sein, im Gegenteil.

Dass mir diese Sicht der Wirklichkeit gerade heute so aktuell und wichtig erscheint, liegt einerseits daran, dass die Entfremdung der Menschen untereinander und zur Natur immer beklemmendere Ausmaße angenommen hat. Andererseits wird immer deutlicher, dass wir „alle in *einem* Boot sitzen“. Wenn sich diese Anschauung nicht auf breiter Front durchsetzt, sind wir alle verloren. Diese Einsicht dämmert immer mehr Menschen; sie wird aber durch den allbeherrschenden Kapitalismus, Konsumismus und Materialismus in unserer Gesellschaft ständig behindert. Jesus hat dazu nicht nur einiges zu sagen; er steht auch für die glaubwürdige Umsetzung dieser Überzeugung; er hat sie auf einzigartige Weise gelebt. Es bedürfte freilich heute ebenso glaubwürdiger Propagatoren dieser Wahrheit. Etablierte Bürgerlichkeit oder Verschanzung hinter überlebten Traditionen ist da nicht nur zu schwächlich, sondern geradezu kontraproduktiv.

Rilke hat auf dem Sterbebett gesagt: „Vergessen Sie nie: Das Leben ist eine Herrlichkeit!“ Den meisten Menschen erscheint es heute eher als das Gegenteil, und das, obwohl es vielen äußerlich gut geht. Das liegt daran, dass ihnen das Leben in Fragmente zerfällt vor dem Hintergrund einer allgemeinen Verlassenheit. Das Leben ist tatsächlich eine Herrlichkeit, aber nur, wenn es ganzheitlich erlebt wird, wenn das Fremde ständig zum Nahen transzendiert wird. Dieses Transzendieren ist nichts anderes als Liebe; in ihr wird überall Gott gefunden. Dorothee Sölle hat darüber in ihrem kurzen Essay *... daß wir lieben können* alles Wesentliche gesagt und alles Unwesentliche zurückgewiesen. (Ich komme darauf in meinem Essay *...für ein resonantes Christentum* etwas ausführlicher zu sprechen.)

Auch dieses Zurückweisen ist wichtig, nicht zuletzt in der Bibellektüre. Die sogenannte Heilige Schrift ist voll von Gerümpel, ja zum Teil widerwärtigem Gerede, das den Blick auf Gott im Nächsten, das Leben im Ganzen oft mehr verstellt als fördert. Dieser Ballast sollte nurmehr von kulturhistorischem Interesse sein und uns, ähnlich der sonstigen Geschichte, auch zeigen, wie man es verkehrt machen kann. Schon die ganze Rede von Auserwähltheit ist im jesuanischen Sinne verheerend. Niemand oder alle sind auserwählt. Und gerechtfertigt werden muss auch niemand, der geboren ist. Diese unglücklichen Ideen von selektiver Gnade, von Erbsünde und (vielleicht missverstandener) Rechtfertigung, auf denen vor allem Paulus, Augustinus und Luther insistierten, haben arg wenig mit der Ganzheit Gottes zu tun, vom Gräuel der Sühneopfertheologie zu schweigen.

Und dann ist endlich wahrzunehmen, dass es neben dem Buch der Bücher noch ganz andere gibt, in denen nicht weniger vom Leben in Gott die Rede ist, und nicht nur Bücher von Papier, auch das Buch der Natur, in dem noch viel mehr steht als das, was die Naturwissenschaftler mit ihrer objektivierenden Brille in den letzten 400 Jahren daraus gelesen haben. Alles redet zu uns, und es ist wahrhaftig an der Zeit, dass wir unsere Ohren auftun und prüfen, was zum Reich Gottes, zum ganzheitlichen Leben tauglich ist und uns nicht einer geschlossenen Ideologie verschreiben. Das mag vielleicht anstrengend sein, aber es ist auch befreiend.

Religionen als Antworten auf existentielle Infragestellungen

Religionen werden in der Regel nach der Art ihres Gottesbegriffs klassifiziert: monotheistische, polytheistische, pantheistische Religionen. Vielsagender als solche objektivierenden Einteilungen könnte ein Verständnis der Religionen nach ihrem Sinn sein, d.h. nach der Art, in der sie auf existentielle Infragestellungen antworten. Dass es sich immer um eine solche Antwort handelt, dürfte bei einer ernst zu nehmenden Religion keine Frage sein. Denn Religionen können, wenn sie nicht existentiell überflüssig werden wollen, in ihrem Grund kein bloßer kultureller Luxus sein, sondern sind eine Reaktion auf eine Not, die das Fundament der Existenz betrifft. Dass dabei ein Gott eine Rolle spielt, ist eigentlich sekundär und nicht unbedingt notwendig. Die Vorstellung von Göttern oder gar einem einzigen Gott scheint denn auch in den frühesten, altsteinzeitlichen Kulturen noch kaum entwickelt gewesen zu sein, wohl aber die von numinosen Naturphänomenen, bestimmten Bergen, Bäumen oder Tieren als Repräsentanten einer den bloß menschlichen Bereich transzendierenden Wirklichkeit. Später schienen dahinter Dämonen und Geister zu stehen, noch später Götter, noch später ein einziger Gott. Dass am Ende auch noch dieser durch alles Mögliche ersetzt wird – Nation, Wissenschaft, Geld, Zynismus etc. –, erscheint eher als Ausdruck einer neuen Ratlosigkeit denn als Lösung des Problems.

Worauf antworteten aber diese unterschiedlichen Vorstellungen und von welcher Art waren ihre Antworten? Ich sehe da drei verschiedene Richtungen, die man aber auch als Steigerungen einer grundsätzlichen Infragestellung verstehen kann, nämlich Antworten auf das Unheimliche, das Chaotische und das schlechthin Unerträgliche des Lebens.

Im wachsenden Reflexionsprozess der Menschheit haben sich die Menschen aus der fraglosen Integration in den Naturzusammenhang allmählich herausgelöst. Sie konnten sich nicht mehr jederzeit „zu Hause“ fühlen. Die Welt, die Umwelt, trat als Gegenüber hervor und musste unter gewissen Umständen „unheimlich“ wirken, besonders in Situationen wie der Begegnung mit dem Tod. Von daher bedurfte es einer besonderen Aufmerksamkeit und Anstrengung, um sich die Wirklichkeit des Nicht-Ich oder wohl besser des Nicht-Wir irgendwie vertraut zu halten oder gewogen zu machen. Dies ist der Hauptinhalt der sogenannten **Naturreligionen**, aber auch ihrer Bedeutungstransferierungen in die Sphäre der Hochkulturen. Denn auch der Götterhimmel der Ägypter, Babylonier, Griechen oder der hinduistischen Inder hat vor allem den Sinn, als Mensch nicht „aus der Welt zu fallen“, die ursprüngliche Integration in den großen Naturzusammenhang neu zu beleben. Je dichter die Welt mit einem Netz von Göttern überzogen, ja geradezu damit „ausstaffiert“ ist, desto sicherer erscheint sie, desto beruhigter kann ich sein. Man könnte diesen Typus von Religionen „anpassend“ nennen: Der Mensch empfindet sich zwar als unterschiedlich zur umgebenden Natur, aber er bemüht sich in seiner Religion, diesen Unterschied wieder möglichst auszugleichen, sei es indem er das Unheimliche durch Opfer gnädig stimmt, sei es indem er es sich möglichst menschlich vorstellt. Letzteres fällt besonders bei der Religion der Griechen auf, was einerseits ein hohes Menschenbild projiziert, andererseits aber von Philosophen wie Platon und anderen als unzulänglich kritisiert wird, weil es allzu menschlich (durchschaubar) vom Göttlichen denkt.

In der „neolithischen Revolution“, der Sesshaftwerdung und schließlichen Stadt- und Staatengründung, ergab sich die Notwendigkeit der gesellschaftlichen Organisation, um die äußeren Feinde abzuwehren und den Frieden nach innen zu wahren. Das schien jetzt vordringlicher zu sein, als das Unheimliche der inzwischen gebändigten und ferner gerückten Natur auszugleichen. Denn schlimmer als das Unheimliche bedrohte die Menschen jetzt das (gesellschaftliche) Chaos. Gesetze zu erlassen, die das Miteinander regeln, galt hinfort als dringendstes Erfordernis, größte Kulturleistung und Fundament des Selbstverständnisses. Dabei ist nicht nur an Könige wie Hammurabi oder die Pharaonen zu denken, sondern auch an religiös inspirierte Führer wie Moses. Denn was das Miteinander der Menschen zu regeln vermochte, konnte auch an den Himmel projiziert werden und umso umfassender und verbindlicher wirken. Gott selbst wird so bezogen auf die Natur zum Schöpfer und speziell für den Menschen darüber hinaus zum Gesetzgeber. Damit wird gleichzeitig die ältere, naturnahe Pluralität des Göttlichen aufgehoben. Denn, wie Goethe von sich selbst sagt, als „moralische Person“ kann man nur an *einen* Gott glauben. Dieser Gott thront freilich in unzugänglicher Höhe als der „ganz Andere“. Vermittelt wird er nicht mehr durch die geheimnisvolle Natur, sondern durch sein „Wort“ oder „Gebot“, das seine Propheten aussprechen. So konnte die Treue zum göttlichen Gebot, zum Gesetz als göttliche Autorität ins Zentrum des Religiösen treten und die Berufung auf die Rückbindung zur Natur überflüssig machen oder am Ende gar als ketzerisch abgetan werden. Dieser Typus von religiöser Antwort auf die existentielle Infragestellung ist von daher als **Gesetzesreligion** zu bezeichnen, die sich nicht mehr an die Natur *anpasst*, vielmehr bestimmte soziale Verhaltensweisen *stabilisiert*, als Religion ritualisiert und weitestgehend dem Naturzusammenhang entzieht. Er hat im Judentum eine frühe und zugespitzte Form gefunden. Die Frömmigkeit des jüdischen Gläubigen erwies sich in seiner Treue zur mosaischen Thora mit ihren hunderten Ge- und Verboten. Ältere Schichten, wie der Ausgleich durch Tieropfer, wurden bis zur Auflösung des Tempelkultes 70 n. Chr. in das Gesetzesdenken integriert, dann aber endgültig aufgegeben.

Mohammed baute im 7. Jahrhundert seinen Islam als konsequenten Monotheismus auf, indem er Judentum und Christentum als eine Art Steinbruch benutzte und das seiner Ansicht nach Beste daraus wiederverwandte. Dabei spielt das jüdische Gesetzesdenken aber eine ungleich größere und fundamentalere Rolle, während die christliche und erst recht die mutmaßliche jesuanische Lehre nur einzelne Motive hergaben. Die unüberschaubare Menge der jüdischen Gesetze erschien ihm aber nicht praktikabel für den religiösen Alltag, und so dampfte er sie auf wenige (zum Teil neue) Gebote ein, vor allem auf die täglichen Gebete, die Speiseverbote und Fastenvorschriften, die Armensteuer sowie die Pilgerfahrt nach Mekka. Die Beschränkung ändert aber wenig an der grundsätzlichen Auffassung der Religion als Treue zu den im Koran geoffenbarten Geboten Gottes und ihrer sozial stabilisierenden Funktion, die auf der arabischen Halbinsel zu Mohammeds Zeit von besonderer Dringlichkeit war. Dass die Scharia als Gesetzesbuch später noch den Koran ergänzte, spricht abermals für die überaus starke Normorientierung dieser Religion, so dass hier von einer grundsätzlichen religiösen Neuorientierung keine Rede sein kann. Im Widerspruch dazu scheint freilich die mystische Komponente des Islam zu stehen, wie sie sich etwa in der Sekte der Sufis erhalten hat; allerdings hatte diese immer wieder unter starkem Druck der islamischen Orthodoxie zu leiden.

Dem Christentum ist das Gesetzesdenken, wie ich noch zeigen möchte, zwar von seinem jesuanischen Ursprung her grundsätzlich fremd, ja sogar entgegengesetzt, doch hat seine Entwicklung, besonders seit der Konstantinischen Wende im vierten Jahrhundert und im Papalismus der westlichen Kirche vielfach Elemente des jüdischen, hellenistischen und römischen Staats- und Gesetzesdenkens übernommen, die besonders dem römischen Katholizismus bis heute nachhängen.

Dass die Religion auch außerhalb der abrahamitischen Religionsfamilie in der Befolgung von Normen ihr Wesen erkennen kann, zeigt etwa das Beispiel des Konfuzianismus, wenn auch mit einem ganz anderen Timbre. Es liegt auf der Hand, wie sehr im seit jeher dicht besiedelten China die gesellschaftlichen Normen eine alles, auch die Religion dominierende Rolle spielen mussten. Noch mehr als im Judentum und im Islam ist hier das Göttliche selbst in die Sphäre des Jenseitig-Unzugänglichen gerückt, so sehr, dass man sich fragt, ob der Konfuzianismus überhaupt eine Religion ist. („Der Meister sprach: ‚Wenn man noch nicht den Menschen dienen kann, wie sollte man den Geistern dienen können! [...] Wenn man noch nicht das Leben kennt, wie sollte man den Tod kennen?!'" *Lun Yü* XI,11) Kung Dsi redete denn auch nur selten, eher ungern und abstrakt vom „Himmel" ("tien"), umso mehr vom sittlichen und gesitteten Verhalten. („Dsi Gung sprach: ‚Des Meisters Reden über Kultur und Kunst kann man zu hören bekommen. Aber die Worte des Meisters über Natur und Weltordnung kann man nicht leicht zu hören bekommen." V,12) Gleichwohl scheint für ihn persönlich eine „höchste Gottheit" („shang-di") das Fundament gewesen zu sein, das aber unaussprechlich bleibt und nicht zu lehren ist. („Der Meister sprach: ‚Es gibt keinen, der mich kennt. [...] Ich forsche hier unten, aber ich dringe durch nach oben. Wer mich kennt, ist Gott.'" XIV,37) In der Praxis vertraute Kung Dsi, anders als Moses oder Mohammed, weniger auf unerbittlich festgelegte Gesetze als auf den natürlich vorhandenen und zu pflegenden Anstand und das Schamgefühl im zwischenmenschlichen Umgang, was Drohszenarien wie die ewige Verdammnis überflüssig machte. Dieses Gefühl für gesittete Formen („li") wollte er durch starke Vorbilder von oben nach unten soweit entwickeln – und hat es tatsächlich partiell dahin gebracht –, dass man sich schämte, das Böse zu tun. Dahinter stehen freilich auch Normen der gesellschaftlichen Ordnung; ja diese Normen werden nicht als verordnet und eingesetzt betrachtet, sondern als das natur- bzw. gottgegebene Gleichgewicht, als Harmonie des Menschen zwischen Erde und Himmel und verdienen gerade dadurch höchsten Respekt. („Der Meister sprach: ‚Maß und Mitte sind der Höhepunkt menschlicher Naturanlage. – Aber unter dem Volk sind sie seit langem selten.'" VI,27) Charakteristisch für Kung Dsis religiöse Einstellung ist sein Besuch in einem Tempel:

> „Als der Meister das königliche Heiligtum betrat, erkundigte er sich nach jeder einzelnen Verrichtung. Da sprach jemand: ‚Wer will behaupten, dass der Sohn des Mannes von Dsou die Religion kennt, da er sich beim Betreten des großen Tempels erst nach jeder einzelnen Verrichtung erkundigt?' Der Meister hörte es und sprach: ‚Das eben ist Religion.'" (III,15)

Eine solche Auffassung von Religion im Sinn einer Regelkonformität konnte freilich nur in relativ „normalen Zeiten" überzeugen. Wenn die Lebensumstände einen gewissen Grad an Chaos übersteigen und Verzweiflung eintritt, reichen Besinnungen auf gottgewollte Ordnungen nicht mehr hin und wirken unglaubwürdig. Es entsteht ein Bedürfnis nach *Erlösung aus dem Unerträglichen*, das dem dritten Religionstypus entspricht.

Der Buddhismus gehört zu den ältesten **Erlösungsreligionen**. Wäre der Prinz Siddhartha Gautama in seinem schönen indischen Palast geblieben, hätte er auf seine Ausfahrten in die Welt verzichtet, so wäre in ihm schwerlich ein Bedürfnis nach Erlösung entstanden. Nun aber war die Realität von Alter, Krankheit und Tod nicht mehr zu leugnen und die Aufgabe bestand darin, die Sache nicht durch Ignoranz wider besseres Wissen zu verdrängen, sondern eine echte Befreiung zu finden durch eine veränderte Einstellung zum Leben, genauer gesagt: zum Ich. Denn dieses war für ihn der Angelpunkt all dieses Leidens. Die Verringerung der ichhaften Bedürfnisse, befördert durch ein Zur-Ruhe-kommen in der Meditation, erschien Buddha als Königsweg zur Befreiung vom Leiden, die Aufhebung des Ichs im Nirwana als Ziel. Der frühe Hinayana-Buddhismus propagierte dabei die bloße Selbsterlösung, während der sich später entwickelnde Mahayana-Buddhismus, bezeichnenderweise in China entfaltet, das Mitleiden mit anderen unerlösten Menschen und Tieren betont, die es „mitzunehmen" gilt. Ein Gott spielt in dieser Weltanschauung eigentlich keine Rolle, ja eine der gewaltigsten Taten des Buddhismus bestand geradezu darin, den ganzen gigantischen Götterhimmel des Hinduismus beiseite zu wischen. Vielleicht kann aber das Nirwana als eine Art (natürlich unpersönlicher) göttlicher Zustand interpretiert werden. Aus dem Bedürfnis eines Ausgleichs zur extremen Abstraktheit der buddhistischen Lehre werden aber auch die Bodhisattvas wie Heilige oder „Gottheiten" verehrt. Besonders im Lamaismus sind solche sekundären Mythologeme verbreitet.

Noch mehr als im Falle des Konfuzianismus kann man sich beim Buddhismus fragen, ob er eigentlich eine Religion sei. Wenn man dabei nicht vom Gottesbegriff ausgeht, sondern von der Funktion im menschlichen Seelenleben, lässt sich diese Frage in beiden Fällen bejahen. Und das sogar, wenn man jüngste Äußerungen des Dalai Lama berücksichtigt, wonach Ethik wichtiger sei als Religion. Seine Ethik der Liebe unterscheidet sich in der Substanz kaum noch vom "Reich Gottes" des Jesus von Nazareth.

Der klassische Buddhismus hat seit den 60er Jahren, nicht zuletzt aufgrund seines antikapitalistischen Kritikpotentials, auch im Westen etliche Anhänger gefunden. Sein Befreiungs- oder Erlösungsangebot vermochte aber nicht durchschlagend zu überzeugen. Das dürfte vor allem daran liegen, dass er auf dem negativen Prinzip der Vermeidung (von Leiden) beruht. Im höchsten Glückszustand, dem Nirwana, hat sich mit dem Ich gleichzeitig das Erleben erübrigt. Nichts fühlt sich mehr in Frage gestellt, aber es ist auch nichts mehr da. Man könnte sagen, dies sei eine Religion, deren Zielpunkt im Transzendenten liegt, womit die hiesige Welt letztenendes überflüssig wird. Damit steht der Buddhismus durchaus nicht alleine; auch für den Platonismus (besonders für den spätantiken Neuplatonismus) und das traditionelle Christentum liegt der Ausgangs- und Zielpunkt der Wirklichkeit im Jenseits. Allerdings sind diese hier weniger radikal als der Buddhismus, insofern für sie die diesseitige Wirklichkeit von großer Relevanz ist, sei es als Aufscheinen des göttlichen Einen im phänomenal Vielen, sei es als Schauplatz der Bewährung. (In einem extrem-protestantischen Verständnis von Prädestination ist letzterer Gesichtspunkt allerdings kaum nachvollziehbar.) Anders gefragt: Es mag ja sein, dass der Buddhismus einen guten Weg weist, um vom Leiden befreit zu werden, aber wozu ist der ganze „Umweg“ über diese Welt überhaupt da? Wenn diese Welt unerträglich ist, wäre es da nicht das Beste, sich gleich umzubringen oder (wie die Mönche und manche Gnostiker) sich zumindest nicht zu vermehren? Der Mahayana-Buddhismus (großer Wagen) hat darauf wenigstens den Ansatz einer Antwort gefunden, indem er „niemanden zurücklassen“ will. Diese Haltung wird als „Mitleid“ oder "Mitgefühl" verstanden; de facto könnte man sie aber auch „Liebe“ nennen. Und damit kommt ein unerwartet positives Element in die buddhistische Welt. Freilich scheint diese Liebe vornehmlich ein „Mittel zum Zweck“ zu sein, nämlich der gemeinsamen Erlangung des Nirwanas. Aber vielleicht täuscht der klassische Buddhismus sich über sich selbst und die Erlösung läge gar nicht so sehr in der Erlangung des transzendenten Nirwanas als vielmehr in der Liebe in dieser Welt? So könnte man auch die revolutionär erscheinende Ausrichtung des Dalai Lama verstehen.

Diese positive Erlösungsvorstellung führt mich zum Christentum, freilich nicht in seiner Tradition gewordenen hierarchisch-dogmatischen Form, sondern in seiner ursprünglichen jesuanischen Intention, soweit diese überhaupt noch zu erkennen ist. Denn man muss sagen, dass die „frohe Botschaft“ Jesu vom „Reich Gottes“ schon auf der frühesten Verschriftlichungsebene des Neuen Testaments mehr und mehr korrumpiert wurde, insbesondere durch das, ungeachtet aller Dementi, im Prinzip beibehaltene jüdische Gesetzesdenken des selbsternannten Apostels Paulus und im Weiteren durch hellenistische und römische Konzepte von Gesellschaft und Religion. Zwar meint Paulus (und fast die ganze spätere Christenheit ist ihm darin gefolgt), die Christen seien durch das Kreuz und die Auferstehung Jesu Christi wahrhaft erlöst worden, doch erscheint mir seine Auffassung vom Kreuzestod als Sühneopfer geradezu als Musterbeispiel eines archaischen, durch Jesus eigentlich überholten Religionsverständnisses. In ihr verbinden sich das uralte Verständnis des Opfers als einem Ausgleich zwischen dem Göttlichen und Menschlichen mit der jüdischen Vorstellung vom Gehorsam bis zum Tod gegenüber dem Gebot Gottes. Dass wir nicht durch das Sühneopfer am Kreuz, vielmehr durch die von Jesus gepredigte und gelebte Verwirklichung des Reiches Gottes als Revolution gegen das religiöse Gesetzesdenken, mithin durch eine tätige Umwertung alter Werte erlöst werden, scheint Paulus nie in den Sinn gekommen zu sein. Ja, er – und die meisten nach ihm –

scheinen diese frohe Botschaft kaum zur Kenntnis genommen, geschweige denn existentiell an sich herangelassen zu haben.

Das Christentum, wie es sich tatsächlich entwickelt hat, konnte eigentlich ebensowenig wie das Judentum oder der Islam, zu einer erlösteren Welt führen, auch wenn es ständig davon gesprochen hat, aber eben in fragwürdiger Weise. Das offensichtliche Misslingen im Diesseits musste dann notgedrungen in ein Gelingen im Jenseits verschoben werden. Dabei war es Jesus gerade darum gegangen, die Grenzen zwischen Diesseits und Jenseits einzureißen, indem er die Mauern der Angst abtrug. Das hätte weitere praktische Folgen, wie zum Beispiel die Aufhebung von Hierarchien und Anfeindungen, nach sich ziehen müssen. Stattdessen ist davon in der fast zweitausendjährigen Geschichte der Christenheit schon sehr bald wenig übrig geblieben und die Sache Jesu oft genug geradezu auf den Kopf gestellt worden. Abgesehen von punktuellen Verwirklichungen des "Reiches Gottes" dämmert es erst heute immer mehr Christen, dass da im Allgemeinen mit dem christlichen "Gottesstaat" (Augustinus) etwas gründlich schief gelaufen ist, inzwischen anscheinend sogar dem Papst. Doch die institutionell-bürgerlichen Verkrustungen des Christentums, gerade in der katholischen Kirche, aber nicht nur dort, sind längst so dick und stark geworden, dass es mir schwer fällt, noch an einen wirklichen Durchbruch zu glauben.

Ich komme direkt auf Jesus und seine Botschaft zurück. Denn es wäre geradezu verhängnisvoll ignorant, wollte man diese mitsamt dem abgelebten Christentum auf die Müllhalde der Geschichte abtun. Das eigentliche Erlösungspotential des „Jesuanismus“ hat sich bis jetzt weit schlechter entfalten können als etwa das des Buddhismus (auch wenn hier ebenfalls einige Korrumpierungen zu beobachten sind). Nimmt man die dogmatischen Verkrustungen weg und richtet den Blick auf den Inhalt der Botschaft Jesu, indem man das Legendenhafte der Überlieferung angemessen interpretiert und nicht fundamentalistisch an den überlieferten Worten klebt, so liegt als Kern der Botschaft Jesu die Verkündigung des „Reiches Gottes“ klar zutage. Damit meint Jesus eine bis dahin unvorstellbare Nähe Gottes, den er entsprechend mit „Abba“ anredet. Gerade im Judentum, in dem Gott mehr als im umgebenden Hellenismus, als der „ganz Andere“ verstanden wurde, dessen Namen man nicht aussprechen durfte, muss diese Nähe revolutionär oder gar blasphemisch gewirkt haben.

Die jesuanische Gottesgewissheit ist letztlich mystischen Ursprungs, d.h. sie wurzelt im Erlebnis der Einheit, des Nicht-Anderen. Am deutlichsten ist dieser Aspekt wohl im nicht kanonisierten Thomas-Evangelium, einer Sammlung von Jesus-Worten, erhalten geblieben (eigentlich kaum erhalten geblieben, da erst 1945 in Oberägypten wiedergefunden), etwa in Worten wie:

„[Erst] wenn ihr die zwei zu einem macht […], werdet ihr eingehen [in das Königreich].“ (22, vgl. auch 106) oder „Wann wird die Auferstehung der Toten geschehen und wann wird die neue Welt kommen?‘ Er sprach zu ihnen: ‚Die [Auferstehung], die ihr erwartet, ist [schon] gekommen, aber ihr erkennt sie nicht.‘“ (51) Damit meinte Jesus offensichtlich nicht die eigene leibliche Auferstehung nach seinem Kreuzestod, sondern eine allgemeinere Auferstehung, die in jedem Geist erfolgt, der in Gott wiedergeboren wird, d.h. der wahrhaft „umkehrt“ aus den Verstrickungen der Angst vor dem Anderen, dem Fremden, sei es das Fremde der Menschen oder das, das man auf Gott projiziert. Aus dieser verunsichernden Angst gehen die Übel der Herrschaft und Unterdrückung, der Lüge und aller Feindseligkeiten hervor.

Damit sind wir aber mitten im Leben angelangt. Das nämlich ist das Einzigartige der jesuanischen Erlösungsrevolution, dass seine „Mystik“ sich nicht auf die Vertiefung des Einheitserlebnisses mit Gott beschränkt, sondern in und mit ihm die realen menschlichen Verhältnisse umfasst. Im Grunde liegt das in der Konsequenz der Mystik, insofern sie das Gegenüber aufhebt, mithin auch das Gegenüber von „Schöpfer und Geschöpf“ – überhaupt eine typische Vorstellung von Gesetzesreligionen – und der „Geschöpfe“ untereinander. Nur sind die „klassischen“ Mystiker in der Regel so von ihrem Einheitserlebnis mit dem Göttlichen erfüllt, dass die lebenspraktischen Auswirkungen damit verglichen oft nicht besonders ins Gewicht zu fallen scheinen. Gleichwohl gibt es sie ansatzweise. Zum Beispiel schreibt Meister Eckhart in den *Reden der Unterweisung* (10.): „Wie ich auch sonst schon gesagt habe: Wäre der Mensch so in Verzückung wie's Sankt Paulus war und wüsste einen kranken Menschen, der eines Süppleins bedürfte, ich erachte es für weit besser, du ließest aus Liebe von der Verzückung ab und dientest dem Bedürftigen in größerer Liebe." – Für Jesus scheint die Einheit mit Gott und die mit dem Mitmenschen nicht einmal eine Alternative gewesen zu sein, vielmehr nahezu ein und dasselbe. Nicht nur als Prediger, sondern auch als Heiler muss er einen starken Eindruck auf seine Mitmenschen gemacht haben. Er heilte aus der Kraft der Verbundenheit mit Gott, den man hier auch passenderweise den „Ganzen“ nennen kann. Der „Heiland“ macht heil, macht ganz, indem er alles Trennende, Spaltende überwindet. Seine Botschaft ist, kurz gesagt, die Botschaft der Liebe oder, wie Dorothee Sölle es in einem herrlich prägnanten Aufsatz formuliert hat: „daß wir lieben können“ – und sonst gar nichts! Dass eine solche Botschaft die meisten in ihren Ängsten gefangenen Menschen überforderte und sie darum korrumpiert wurde, insbesondere durch Menschen in herrschenden Positionen, braucht uns nicht zu wundern. Aber damit ist sie in keiner Weise erledigt, im Gegenteil!

Vor allen anderen Theologen hat Eugen Drewermann das große Verdienst, in etlichen umfangreichen Schriften die weitgehend verschüttete Botschaft Jesu exegetisch und menschlich freigelegt zu haben, und das gerade für die heutige Lebenssituation, die wieder, wie zur Zeit Jesu, immer tiefer in eine existentielle Angst und Ratlosigkeit zu driften scheint. – Ich belasse es daher hier bei meiner Skizzierung des „Jesuanismus“ als Erlösungsreligion und verweise auf Drewermann, der das, worum es hier geht, weit besser und differenzierter versteht als ich.

Abschließend soll aber noch von einer relativ unscheinbaren Religion die Rede sein, die bisher übergangen wurde, weil sie nicht recht ins Konzept passt, weder in meines, noch in das übliche; ich meine den Taoismus, wobei ich mich auf den alten Taoismus eines Lao tse und Tschuang tse und nicht auf die spätere Entwicklung als verschwommene Volksreligion beziehe. Der Taoismus hat sich in Abgrenzung zum normativen Konfuzianismus profiliert, das ist klar; aber ist er selbst eher eine aus der Urzeit in die Zivilisation transferierte Naturreligion oder womöglich eine stille Art der Erlösungsreligion? Und wie ist das Göttliche im Taoismus aufzufassen? Wie der Buddhismus oder der Konfuzianismus kennt der Taoismus eigentlich keinen persönlichen Gott. (Freilich ist das, wie angedeutet, im Konfuzianismus nicht ganz eindeutig.) Trotzdem redet Lao tse im 20. Spruch vom Tao als der „Mutter“:

„Die Weltmenschen sind hell, ach so hell;
Nur ich bin wie trübe.
Die Weltmenschen sind klug, ach so klug;
Nur ich bin wie verschlossen in mir,
unruhig, ach, wie das Meer,
wirbelnd, ach, ohn' Unterlass.
Alle Menschen haben ihre Zwecke;
Nur ich bin müßig wie ein Bettler.
Ich allein bin anders als die Menschen:
Doch ich halte es wert,
Nahrung zu suchen bei der Mutter.“

Offenbar kann das Tao unter verschiedenen Aspekten betrachtet werden. Menschlich betrachtet kann es als Mutter erscheinen, also wie eine Person. Eine wörtliche Auslegung dürfte hier aber ebenso in die Irre führen wie so oft in der Bibelinterpretation. „Mutter“ ist, ähnlich wie das jesuanische „Abba“, eine Metapher. Dabei ist aber die Unterscheidung von Metapher und Allegorie wichtig. Während eine Allegorie ein bloßes (mitunter sehr fernliegendes) Bild ist, das jederzeit und eindeutig in den gemeinten Begriff übertragen werden kann, sofern man den Schlüssel dazu kennt, erfasst die Metapher immer schon im Bild etwas vom Wesen des Gemeinten, und zwar (nach Aristoteles) gemäß der Analogie. Das bedeutet in diesem Fall: Ja, das Tao hat etwas Mütterliches (wie der Gott Jesu etwas Väterliches hat), darüber auch etwas Tröstendes oder geradezu Erlösendes, wie eine zugewandte Person; aber es ist keine Person. Dies ist nur ein Zugangsweg zu ihm.

Wörtlich verstanden bedeutet Tao selbst einfach „Weg", man könnte auch sagen: der Weg der Natur. Die Hochschätzung der Natur bzw. die Aufforderung, sich als Mensch ihrem Weg anzupassen, spricht aus jedem taoistischen Text. Insofern kann man im Taoismus geradezu das Musterbeispiel einer von mir als (sublimierte) Naturreligion klassifizierten existentiellen Antwort sehen, offensichtlicher als etwa im Hinduismus. – Gleichwohl scheint mir die einfache Gleichsetzung von Natur und Tao zu kurz zu greifen. Das *Tao te king* unterscheidet zwischen dem Tao und seiner Auswirkung, dem Te, das also kein zweites Prinzip ist, aber auch nicht mit dem Tao schlechthin identisch ist. In diesem Sinne ist auch die äußere Natur als Te des Tao zu betrachten, nicht als sein Wesen. Von daher scheint mir eine naturalistisch-materialistische Interpretation des Taoismus, wie sie teilweise versucht wurde, irreführend zu sein. Vielmehr ist das Tao eine fundamentalere transzendente Wirklichkeit, die aber letztlich immer schon auf die realisierte Wirklichkeit bezogen bleibt, also eine Transzendenz in der Immanenz oder in der Einheit beider ist.

Man könnte dabei an Spinozas Differenzierung zwischen realisierter natura naturata (= Te) und „quellender" natura naturans (= Tao) denken, aber vielleicht auch das jesuanische Verhältnis von Mensch (Welt) und Gott bzw. von Menschenliebe und Gottesliebe weiterführend interpretieren: Die Welt ist eine „Auswirkung" Gottes, und insbesondere der Mensch (aber eigentlich nicht nur er) ist Gottes Ebenbild; darum gehe ich, wenn ich auf einen Menschen zugehe, auf Gott zu, den Grund aller realisierten Individuation. Diese Sicht erschöpft sich nicht in einem „bloßen Humanismus", weil sie den Menschen in einem Größeren, Unendlichen wahrnimmt, woher er erst seine Würde hat. Wenn man dies als seine „Natur" erkennt, bedarf er, konsequenterweise, fundamental gar keiner „Erlösung", wohl aber in seiner konkreten Not der zuwendenden Liebe, die hier "erlösend" wirkt, und das wechselseitig.

Ist, so gesehen, das Christentum vielleicht auch als „Erlösungsreligion" ein Missverständnis? Ich denke: letztenendes ja. Wenn Jesus im Nächsten Gott erkennt (und das Reich Gottes ausgebreitet sieht auf der Erde), geht er über das auf der Erbsünde beruhende grundsätzliche Erlösungsverständnis hinaus. Einmal hält er, unter Berufung auf Psalm 82, den Schriftgelehrten sogar entgegen: : „Steht nicht in euerm Gesetz geschrieben: Ich habe gesagt: Ihr seid Götter?" (Joh 10,35) Was gäbe es da zu erlösen? In ähnlicher Weise geht Lao tse mit seinem Tao über das haptische Naturverständnis hinaus, womit er seinerseits den Rahmen einer „Naturreligion“ transzendiert. Die Wege dorthin, wo vor aller Individuation tiefer Friede im Nicht-Zwei ist, führen aber über die Achtsamkeit gegenüber der Natur, ja über ihre Anverwandlung, sowie im gleichen Sinne über die liebende Zuwendung zu den Menschen. Hier ergänzen und berühren sich beide in vieler Hinsicht so weit entfernte religiöse Wege.

Kleiner Versuch über das „Reich Gottes“

Nach dem Markus-Evangelium, dem ältesten von allen, begann Jesus seine Predigt mit den Worten: „Die Zeit ist erfüllt, das Reich Gottes ist nahe. Bekehrt euch und glaubt an die frohe Botschaft!“ (Mk 1,14) Was war hier mit „Reich“ oder „Königsherrschaft Gottes“ gemeint? (Matthäus spricht von „Königsherrschaft der Himmel“.) Die Juden der damaligen Zeit könnten dabei an die Wiedererrichtung der alten israelitischen Herrlichkeit als Reich Davids durch den von den Propheten vorausgesagten Messias (den „Gesalbten“, griechisch: Christos) gedacht haben oder aber an das Zorngericht Gottes, das dieser alten Welt insgesamt ein Ende bereitet und durch eine neue Welt ersetzt wird, in der Gott durchgreifend herrscht. Letztere Möglichkeit war in der damaligen Zeit besonders virulent, sogar über das Judentum hinaus. Es lag im ganzen vorderen Orient von Alexandria bis Persien mit Ausstrahlungen ins weitere Römische Reich eine gewisse Erlösungssehnsucht in der Luft, die sich noch jahrhundertelang in gnostischen Bewegungen niederschlagen sollte, bis diese schließlich vom siegreichen Christentum niedergerungen wurden.

Viel spricht dafür, dass Jesus und seine Predigt vom Reich Gottes, wie schon die Predigt Johannes des Täufers, vor allem in diesem Sinne ausgerichtet war, wenn sie auch später mit der Messias-Tradition vermischt wurde. Gerade im Markus-Evangelium spielen die Gerichtsreden Jesu und seine „Naherwartung“ des Weltendes eine große Rolle. Überdies sprach Jesus mit Vorliebe von sich als „Menschensohn“; und mit „Menschensohn“ meinte er wohl nicht einfach einen exemplarischen Menschen, sondern eine apokalyptische Figur, die entweder als Prophet des Endgerichts oder sogar als der Weltenrichter selbst eine Rolle spielt. Letztere Selbstdeutung dürfte aber kaum in Frage kommen, da Jesus von sich selbst nicht einmal als Messias sprach, ja sogar die Anrede „Guter Meister“ zurückwies, da niemand gut sei außer Gott. (Mt 19,17;Mk 10,18; Lk18,18) Es genügt, zunächst davon auszugehen, dass Jesus sich mit seiner „frohen Botschaft“ als Prophet des „Reiches Gottes“ sah.

Verständnis Jesu vom Reich Gottes

Was war an der Botschaft Jesu oder an der des Johannes eigentlich „froh“? Die Bußtaufe des Johannes galt angesichts der „reifen Zeit“ der „Vergebung der Sünden“. Das entscheidende Moment dabei war die „Umkehr“, das bedeutet: das Hinter-sich-lassen des alten, verkehrten Lebens. Während der

Weg des Johannes aber vor allem über eine asketische Zucht verlief, setzte Jesus auf ein fundamentales Vertrauen, das er Glauben nannte. Dies lief aber keineswegs auf eine Abschwächung der johanneischen Revolution hinaus, sondern auf eine noch prinzipiellere Befreiung aus hergebrachten Verkehrtheiten. Jesus scheint mit dem Reich Gottes nicht weniger im Sinn gehabt zu haben als eine gänzlich neue Perspektivierung aller religiösen und damit in seinem Sinne auch zwischenmenschlichen Verhältnisse.

Es wird nicht direkt berichtet, wie Jesus dazu gekommen war, als er im Alter von ungefähr 30 Jahren plötzlich als Wanderprediger auftrat. War es nur die Anregung durch Johannes, die ihn dazu motivierte? Die Geschichte von seinem 40-tägigen Fasten in der Wüste scheint eine Vorbereitungsphase gewesen zu sein. Spielten darin vielleicht mystische Erlebnisse eine Rolle? Möglich, wenn man an seine exzeptionelle, immer wieder betonte Überzeugung von der unbedingten Nähe Gottes denkt. Das höchst Ungewöhnliche an dieser jesuanischen Mystik der Gottesnähe, wenn man sie denn als gegeben annimmt, läge darin, dass sie sich im Weiteren in größter Aktivität äußert, quasi als „extravertierte Mystik", die nicht Halt macht bei der Vereinigung von Ich und Gott, sondern sich auch auf den „Nächsten" ausweitet, bis hin zur Feindesliebe, die gewissermaßen die letzten Grenzen aufhebt.

Was Jesus nach der Darstellung der Synoptiker in der Wüste auf jeden Fall erlebte, war die Versuchung durch den Satan. In deren entschiedener Zurückweisung durch Jesus – „Hinweg Satan! Es steht geschrieben: Den Herrn, deinen Gott, sollst du anbeten und ihm allein dienen." (Mt 4,10) – sehen die Evangelisten offenbar ein substantielles Scheitern Satans. Dem entspricht auch eine merkwürdige spätere Aussage Jesu im Lukas-Evangelium: Als die Jünger sich erstaunt über ihre eigenen Heilerfolge (bei der Bekämpfung „böser Geister") zeigen, sagt Jesus dazu: „Ich sah den Satan wie einen Blitz vom Himmel stürzen." (Lk 10,18) Offenbar glaubte er seit dieser Vision, die Macht des Bösen sei damit prinzipiell, vielleicht endgültig gebrochen und das heißt, das Reich Gottes habe begonnen. Dass die Kirche später, als die jesuanische Naherwartung des Weltendes und damit der „neuen Welt", in der es kein Böses mehr gibt, nicht eintreffen wollte, die Idee vom „Reich Gottes" ins Transzendente, ins Himmelreich verschob – vielleicht auch unter dem Einfluss der weltflüchtigen Gnosis –, dürfte nicht in den Intentionen Jesu gelegen haben, womöglich sogar im Gegenteil. Denn im Reich Gottes geht es wesentlich um eine grundsätzliche, nicht nur um eine zukünftige und schon gar nicht um eine nur „jenseitige" Vereinigung von Gott und Mensch. Das Reich Gottes ist weder zeitlich noch räumlich aufzuschieben. Ja, in der Umkehr (oder in der Abkehr vom Satan), im Glauben ist es immer schon da.

Als nämlich die Pharisäer Jesus fragten, wann das Reich Gottes denn komme, antwortete er ihnen: „Das Reich Gottes kommt nicht so, dass man es an äußeren Zeichen erkennen könnte. Man kann auch nicht sagen: Hier ist es oder dort. Das Reich Gottes ist in euch.“ (Lk 17,20f.) Die letzten Worte lauten in anderer Übersetzung auch: „ist (schon) mitten unter euch“. Und im apokryphen Thomas-Evangelium, das aber in seinen ältesten Schichten offenbar auf die Logienquelle zurückgreift, sagt Jesus: „Das Königreich des Vaters ist ausgebreitet über die Erde, aber die Menschen sehen es nicht.“ (Tho 113) Warum nicht? Weil es sich bei der Umkehr zum Reich Gottes nicht um einen physischen, sondern um einen seelischen Vorgang handelt, der aber jederzeit möglich ist.

Noch brisanter ist ein parallel strukturierter Vers aus dem Thomas-Evangelium, in dem Jesus sagt: „Die Auferstehung, die ihr erwartet, ist schon gekommen, aber ihr erkennt sie nicht.“ (Tho 51) Von diesem Vers aus wird verständlich, dass es kein Zufall ist, wenn das Thomas-Evangelium auf einen Bericht von Kreuzigung und Auferstehung Jesu verzichtet; es bedarf seiner nicht, denn es versteht unter Auferstehung von vorn herein eine geistige Wirklichkeit, nämlich die Verwandlung oder geistige „Wiedergeburt“ des Menschen im Reich Gottes. – Dass die meisten Anhänger Jesu damit überfordert waren, scheint Jesus immer wieder enttäuscht zu haben. Sie glaubten, weil sie Wunder sahen. Bezeichnend ist das beim Evangelisten Johannes überlieferte Gespräch zwischen Jesus und dem Ratsherrn Nikodemus:

> „Dieser kam des Nachts zu ihm und sagte: ‚Meister, wir wissen, dass du ein Lehrer bist, der von Gott gekommen ist; denn niemand kann die Wunder wirken, die du wirkst, außer Gott ist mit ihm.‘ Jesus entgegnete ihm: ‚Wahrlich, wahrlich, ich sage dir: Wenn jemand nicht von neuem geboren wird, so kann er das Reich Gottes nicht schauen.‘“ (Joh 3,1ff.)

Und noch ganz am Schluss des Evangeliums nach seiner angeblich leiblichen Auferstehung sagt Jesus zum Apostel Thomas: „Weil du mich gesehen hast, glaubst du. Selig sind die, die nicht sehen und doch glauben.“ (Joh 20,29) Damit ist natürlich nicht gemeint, dass man *irgendetwas* glauben soll, was man nicht sieht, sondern dass die Grundlage zur „Seligkeit“, d.h. zum wahren Leben, nicht physischer, sondern geistiger Art ist: indem man an das Reich Gottes glaubt. So gesehen erscheint die physische Auferstehung Jesu nur für Ungläubige oder Schwergläubige nötig zu sein. Und in diesem Sinne ist Kirche als ganze (abgesehen von wenigen gläubigen „Häretikern“) bis heute schwergläubig geblieben, weil sie, wie der „ungläubige Thomas“, meinte, „sehen“ zu müssen – oder meinte, auf die vertrauen zu müssen, die „gesehen“ haben. Man könnte das einen geistlichen Materialismus nennen.

Erscheinungsweisen, Widerstände und Ethos des Reiches Gottes

Aber gehen wir von der (quasi) mystischen Gewissheit Jesu noch einmal zurück zum Erscheinungsbild des Reiches Gottes für seine Mitmenschen. Für sie zeigte sich das Reich Gottes vor allem in zweifacher Weise: in der „machtvollen Rede“, mit der Jesus davon sprach, und in seinen Wunderheilungen. Mir scheint es teilweise rationalistisch verkürzt zu sein, wenn man diese, wie seit Rudolf Bultmann verbreitet, einfach als quasi mythologische Überlagerungen der Wirklichkeit oder als Wunschvorstellungen zu erklären versucht. Der Zulauf zu Jesus dürfte kaum derartig groß gewesen sein, wenn Jesus nicht tatsächlich in gewissem Grade Fähigkeiten besessen hätte, die man heute paranormal nennen würde. Für ihn waren sie aber ein unmittelbarer Ausfluss seines unbedingten Gottvertrauens, wie er gleicherweise den Erfolg der Wunderheilungen immer wieder auf den Glauben der Patienten zurückführte. („Dein Glaube hat dir geholfen.“). Und womöglich ist diese Erklärung auch weiterführend als die moderne (die ja eigentlich nur eine Beschreibung ist).

Als Johannes der Täufer bereits im Kerker saß und Jesus fragen ließ: „Bist du es, der da kommen soll oder haben wir einen anderen zu erwarten?“ antwortete Jesus den Boten: „Geht hin und sagt Johannes, was ihr gesehen und gehört habt: Blinde sehen, Lahme gehen, Aussätzige werden rein, Taube hören, Tote stehen auf, Armen wird die frohe Botschaft verkündet. Wohl dem, der an mir keinen Anstoß nimmt.“ Offenbar war er sich inzwischen sicher, dass das Reich Gottes nicht nur für ihn allein angebrochen sei und dass er mit seinen Heilungen und seiner Verkündigung dieses Reiches eine zentrale Rolle spiele.

Dass aber das Reich Gottes nicht einfach vom Himmel fallen und sich alles schlagartig ändern würde, war von vornherein klar. Es hatte allerorten mit Widerständen zu kämpfen. Jesus betont das, wenn er davon spricht, er sei nicht gekommen, Frieden zu bringen, vielmehr Entzweiung, wobei er nicht davor zurückschreckte, sich in harscher Weise von seiner eigenen Familie zu distanzieren. Nein, bei aller liebevollen Zuwendung zu den „verlorenen Schafen“, Jesus war kein Harmonist oder Quietist. Und wenn man seine scharfen Reden gegen die Pharisäer und Schriftgelehrten liest oder sieht, in welcher Weise er die Händler aus dem Tempel getrieben hat, mag man sich fragen, wie weit die von ihm gepredigte Feindesliebe bei ihm selber ging. Aber es dürfte auf eine abwegige und aussichtslose Ebene führen, wenn man an diese Frage quasi psychologisch herangeht, zumal die Quellenbasis zum historischen Jesus dafür durchweg zu brüchig ist. Bemerkenswert ist auf jeden Fall das bei Lukas überlieferte Gebet Jesu am Kreuz: „Vater, vergib ihnen; denn sie wissen nicht, was sie tun!“ (Lk 23,34) Eine solche Bitte für die Folterer und Spötter angesichts der eigenen Qualen zeugt von einer nahezu übermenschlichen Stärke und Liebesfähigkeit, wie es sie nur im Reich Gottes geben kann.

Das Reich Gottes lebte für Jesus aus der Kraft der Verbindung des Ichs mit Gott und dem Nächsten. Was dieser Verbindungsnähe im Wege stand, musste allerdings bekämpft werden. Er scheint dabei von vornherein nicht die machtpolitischen Gegebenheiten als Hauptgegner angesehen zu haben, da sie weitgehend nur äußere Verhältnisse betreffen. Man mag dem Kaiser ruhig geben, was des Kaisers ist, viel wichtiger ist für Jesus, dass man Gott gibt, was Gottes ist. Und in dieser Hinsicht waren die etablierten Pharisäer und Schriftgelehrten in der Perspektive Jesu ein wesentlich zentraleres Ärgernis als die römischen Besatzer: „Weh euch, ihr Gesetzeslehrer! Ihr habt den Schlüssel zur Erkenntnis weggenommen. Ihr selbst seid nicht eingetreten und habt die abgehalten, die eintreten wollten.“ (Lk 11,52)

Wenn Jesus sich immer wieder gegen die Gesetzeslehrer wendet, greift er ausgerechnet die an, die im Zentrum des jüdischen Selbstverständnisses stehen. Denn das in der Thora niedergelegte Gesetz des Moses, das sich in hunderte Ge- und Verbote aufsplittert, war es, was den jüdischen Glauben und die jüdische Lebenspraxis (bis heute) in einzigartiger Weise kennzeichnet. Nun hat Jesus ausdrücklich betont, dass er dieses Gesetz keineswegs auflösen, vielmehr „erfüllen“ wolle. Aber was bedeutete das? In der bislang üblichen Auslegung des Gesetzes sah Jesus offenkundig eher ein Hindernis als eine Förderung des Glaubens. Er selbst erklärt stattdessen: „Alles nun, was ihr wollt, dass euch die Menschen tun, das tut auch ihr ihnen. Denn das ist der Inhalt des Gesetzes und der Propheten.“ Man kann sich leicht vorstellen, dass die Schriftgelehrten mit dieser pauschalisierenden und ganz auf die Mitmenschen ausgerichteten Auslegung, die man mit Dorothee Sölle kurzerhand auf die Beatles-Formel „All you need is love“ bringen könnte, keineswegs einverstanden waren. – Allerdings wusste Jesus wenigstens einen von ihnen zurechtzubringen, als er ihm gegenüber Moses zitierte: „Du sollst deinen Nächsten lieben wie dich selbst.“ (Lev 19,18)

Aber man muss diese Stelle im Zusammenhang lesen; denn Jesus verbindet hier genialerweise die bei Moses getrennten Gebote der Gottes- und der Nächstenliebe, ohne ansonsten ihren Wortlaut zu ändern:

> „Ein Schriftgelehrter […] fragte ihn: ‚Welches ist das größte Gebot von allen?' Jesus antwortete: ‚Das größte ist: *Höre Israel, der Herr, unser Gott, ist der einzige Herr. Darum sollst du den Herrn, deinen Gott, lieben aus deinem ganzen Herzen, aus deiner ganzen Seele, aus deinem ganzen Gemüte und mit allen deinen Kräften.* – Ein zweites ist ihm gleich: *Du sollst deinen Nächsten lieben wie dich selbst.* Kein anderes Gebot ist größer als diese beiden.' Da sagte der Schriftgelehrte: ‚Sehr gut, Meister! Ganz richtig hast du gesagt [wiederholte die Worte Jesu und fügte hinzu:] Das ist weit besser als alle Brandopfer und anderen Opfer.' Jesus […] sagte zu ihm: 'Du bist nicht fern vom Reich Gottes.'" (Mk 12,28-34)

Bemerkenswert an diesem Dialog scheint mir nicht nur zu sein, dass Jesus die beiden Gebote verbindet und ins Zentrum seiner Vorstellung vom Reich Gottes stellt, sondern auch, dass er den Vorsatz: „Höre Israel, der Herr, unser Gott, ist der einzige Herr." nicht auslässt. Diese Einzigkeit sieht er offenbar als Grund für die unbedingte Liebe an. Das bedeutet: Es gibt nichts neben Gott. Darum gilt ihm unsere ungeteilte Liebe. Und diese Liebe schließt die Menschen als seine Kinder mit ein. Nach Matthäus wird es deshalb im Endgericht heißen: „Wahrlich, ich sage euch: Was ihr einem dieser meiner geringsten Brüder getan habt, das habt ihr mir getan." (Mt 25,40)

Genau genommen muss man freilich sagen, dass Jesus den Schriftgelehrten überlistet hat. Denn beide Zitate stehen zwar in der Thora, aber an verschiedenen Stellen und das zweite ist dem ersten dort keineswegs gleichgestellt. Vor allem aber, liest man dessen voraufgehenden Kontext, versteht Moses unter dem Nächsten ausdrücklich nur den Volksgenossen. (Wenn man sich die in der hebräischen Bibel geschilderten atemberaubenden Brutalitäten der Israeliten gegen ihre Nachbarvölker vor Augen führt, war hier beileibe auch nichts anderes zu erwarten.) Das sieht Jesus ganz anders: In der Parallelstelle bei Lukas ist der Dialog hier nämlich noch nicht zu Ende. Vielmehr fragt der Schriftgelehrte nach: „Wer ist denn mein Nächster?" Darauf erzählt Jesus das wichtige Gleichnis vom barmherzigen Samariter und fragt am Schluss den Schriftgelehrten: „'Was meinst du: Wer von diesen dreien hat sich als der Nächste dessen erwiesen, der von den Räubern überfallen wurde?' Der Gesetzeslehrer antwortete: ‚Der, der barmherzig an ihm gehandelt hat.' Da sagte Jesus zu ihm: ‚Dann geh und handle genauso!'" (Lk 10,29ff.)

Wie Jesus sich das Reich Gottes in der Praxis vorstellte, das hat er nicht nur durch sein eigenes Leben gezeigt, sondern auch in etlichen weiteren Gleichnissen und in der Bergpredigt ausgeführt. In vieler Hinsicht scheint diese auf eine Radikalisierung des mosaischen Gesetzes hinauszulaufen, aber auch auf eine Reduzierung auf einige wesentliche Punkte, die wiederum als Beispiele für das eine zentrale Doppelgebot der Liebe aufgefasst werden können, in dem alles befasst ist. Was aber die Verschärfung oder Radikalisierung betrifft, so geht es dabei nicht an sich um strengere Gesetze als Moses sie erlassen hat, sondern abermals um die Konsequenz aus der durchgreifenden Gottes- und Nächstenliebe. Das heißt: Es geht nicht um restriktive Forderungen, vielmehr um ein Angebot zur Teilnahme am Reich Gottes nach besten Kräften. Dies gilt besonders auch für das Gebot der Feindesliebe:

> „Ihr habt gehört, dass gesagt worden ist: Du sollst deinen Nächsten lieben und deinen Feind hassen. Ich aber sage euch: Liebet eure Feinde, tut Gutes denen, die euch hassen und betet für die, die euch verfolgen und verleumden. Dann werdet ihr Kinder eures himmlischen Vaters sein, der seine Sonne aufgehen lässt über Böse und Gute und regnen lässt über Gerechte und Ungerechte. Wenn ihr nämlich nur jene liebt, die euch lieben, welchen Lohn könnt ihr dafür erwarten? Tun das nicht auch die Zöllner? Und wenn ihr nur eure Freunde grüßt, was tut ihr da Besonderes? Tun das nicht auch die Heiden? Seid also vollkommen, wie euer Vater im Himmel vollkommen ist." (Mt 5,43-48, Lk 6,27f.)

Die letzten Worte, die die Zumutung der Anfangssätze noch zu übertrumpfen scheinen, sind in der Parallelstelle bei Lukas etwas weniger extrem formuliert: „Seid also barmherzig, wie euer Vater barmherzig ist." (Lk 6,36) Aber für Jesus bedeutet das nichts Verschiedenes. Barmherzigkeit ist für ihn Vollkommenheit, und so sieht er auch Gott: „So werdet ihr Kinder des Allerhöchsten sein; denn auch er ist gütig gegen die Undankbaren und Bösen." (Lk 6,35) Bei Matthäus ist diese unbedingte Güte Gottes mit den schönen Bildern der Sonne und des Regens ausgedrückt. (Die Aussage erinnert frappierend an eine Stelle aus dem *Tao Te King* des Lao tse: „Zu den Guten bin ich gut, zu den Nicht-Guten bin ich auch gut; denn Tugend ist Güte." *Tao Te King* 49; für „Tugend" steht im Chinesischen „Te", die Auswirkung des Tao, was sinngemäß bedeutet: denn das Tao wirkt Güte.)

Mit dem Gebot der Feindesliebe hat Jesus das Liebesgebot bis an die Grenze der Paradoxie getrieben, eigentlich darüber hinaus, denn in der „Feindesliebe" löst sich alle Feindschaft auf. Wie diese Feindesliebe war auch der Gott, der gleichermaßen gütig zu den Guten wie zu den Bösen ist, dem Alten Testament mit seinem eifernden, Partei ergreifenden und zornigen Richtergott unbekannt, ebenso der übrigen alten Welt. – Und mir scheint, auch danach haben derartige Ansichten Jesu aus dem Reich Gottes wenig Resonanz gefunden, so dass die nach ihm definierte „Zeitenwende" tatsächlich nur eine chronologische war und keine geistige. Aber vielleicht ist das ein wenig zu pessimistisch, denn das Reich Gottes mag in ungezählten Einzelseelen Wurzeln geschlagen haben und fruchtbar geworden sein. Die Chance, daraus ein immer dichter werdendes Netzwerk zu bilden, wurde in der Kirche als Institution allerdings weitgehend verpasst.

Jesus hatte mit Sicherheit nicht vor, so etwas wie eine Kirche zu gründen, weil er Institutionen von Grund auf misstraute. Die Gefahr, dass darin der Glaube formalisiert und instrumentalisiert werde, kannte er aus dem Judentum seiner Zeit zur Genüge; und ein Werk wie etwas Augustins *De civitate dei* dürfte, obwohl vom Titel her gar nicht fernliegend, sehr weit abstehen von dem, was Jesus unter dem Reich Gottes verstand. Die Kirche oder die Kirchen wurden fast unweigerlich zu Organisationen, die der Denkweise der von Jesus so leidenschaftlich kritisierten Gesetzeslehrer oder Schriftgelehrten in hohem Maße entsprachen. Schon im Falle des Paulus scheint das so gewesen zu sein. Dessen Schritt vom Saulus zum Paulus dürfte von daher gar nicht so gewaltig groß gewesen sein. Aber ich will hier nicht in eine Kritik der paulinischen Briefe einsteigen – auch später will ich mich damit nicht abplagen –, vielmehr noch einen Blick auf das bisher kaum beachtete Johannes-Evangelium werfen. Denn spätestens hier dürften Weichenstellungen vollzogen sein, die den Blick der Gläubigen von den Inhalten der Predigt Jesu in ein christologisches Mysterium abzogen, das der Verwirklichung des Reiches Gottes nicht gut tat.

Die Personalisierung des Reiches Gottes im Johannes-Evangelium

Das Evangelium nach Johannes ist unter den kanonisierten Evangelien das späteste und steht dem historischen Jesus ohne Frage auch sonst am fernsten, selbst wenn es darin ein paar historisch authentische Stellen geben mag, die bei den Synoptikern und in der Logienquelle nicht überliefert sind. Gerade die langen Reden Jesu haben einen ganz anderen, abgehobenen Ton als bei den Synoptikern. Ja, wenn ein unbefangener Außenstehender das Johannes-Evangelium liest, werden ihm die gehäuften Aussprüche Jesu über sich selbst wie das einzigartige Dokument eines Größenwahnsinnigen vorkommen. (Eine meiner akademischen Hochschullehrerinnen hat sich unter diesen Eindrücken der Egomanie vom Christentum abgewendet: „Immer nur Ich, Ich, Ich....“). In der Tat:

„Ich bin das Licht der Welt.“ (Joh 8,12)
„Ich bin der Weg, die Wahrheit und das Leben.

Niemand kommt zum Vater als durch mich" (Joh 14,6)
„Ehe Abraham ward, bin ich." (Joh 8,58)
„Ohne mich könnt ihr nichts tun." (Joh 15,5) etc.

Hat der Autor des Johannes-Evangeliums allen Ernstes geglaubt, dass Jesus von Nazareth so geredet hat? Wohl kaum. Hier redet nicht der historische Jesus, vielmehr der kerygmatische Christus. Und was er redet, ist nicht eine Aussage über sich selbst als historische Person, sondern eine Aussage über das Reich Gottes. Man ersetze einmal probehalber den Begriff des „Ich" durch den Begriff „das Reich Gottes", der bei Johannes so gut wie gar nicht mehr vorkommt. So eine Lesart wäre eine Art Rückübersetzung in jesuanisch verständlichere Verhältnisse.

Dass Johannes aber „Ich" schreibt, ist natürlich nicht von ungefähr. Er sieht das Reich Gottes in Jesus Christus, dem Sohn Gottes, der vom Himmel herabgesandt wurde, personalisiert, und zwar in exklusiver Weise. Im Schlusswort seines Evangeliums sagt Johannes bündig, warum er das alles aufgeschrieben hat: „damit ihr glaubt, dass Jesus der Messias ist, der Sohn Gottes". (Joh 20,31) – Einmal lässt er Jesus auf die Frage der Menschen: „Was müssen wir tun, um die Werke Gottes zu verrichten?" antworten: „Das ist das Werk Gottes, dass ihr an den glaubt, den er gesandt hat." (Joh 6,28f.) In solchen alles auf sich zentrierenden Worten werde ich unangenehm an die Reden gewisser sogenannt charismatischer Sektenführer erinnert; sie sind aber zur Grundlage der weiteren kirchlichen Identität des Christentums geworden.

Anfangs war das allerdings noch nicht ganz sicher. Der Kirchenvater Irenäus von Lyon, angeblich ein Enkelschüler des Johannes, hat sich noch gegen Ende des zweiten Jahrhunderts vehement für die Aufnahme des Johannes-Evangeliums in den Kanon des Neuen Testamentes einsetzen und zahlreiche „Häresien" bekämpfen müssen, die teilweise in Jesus „nur" einen Propheten sahen, einen hervorragenden, von Gott geliebten Menschen. Die frohe Botschaft vom anbrechenden Reich Gottes wurde seitdem zu einer Person, Jesus vom Propheten zu Gott selbst, schließlich als Gott Sohn in der Einheit mit dem Vater und dem Heiligen Geist verstanden (oder eigentlich nicht verstanden). Für das griechisch-römische Empfinden der Spätantike in seinem leichtfertigen Umgang mit der Vorstellung von Göttern war das vielleicht gar nicht so weit hergeholt; schließlich wurden ja auch römische Kaiser posthum zu Göttern erklärt. Für das jüdische Denken mit seinem einzigen Gott war es dagegen eine Ungeheuerlichkeit (und später offenbar auch für Mohammed, weshalb der Islam eine ähnliche Entwicklung sorgsam vermieden hat). Aber als das Johannes-Evangelium geschrieben wurde (wohl um

100), hatte sich die Christenheit schon vom Judentum abgekoppelt bzw. war als Häresie aus der Synagoge ausgestoßen worden.

Wie aber kam Johannes zu dieser Verschiebung des Inhalts von der Botschaft auf die Person? – Sie ist nur die letzte Konsequenz aus Tendenzen, die bereits bei den Synoptikern und selbst in der Logienquelle zu beobachten sind. Alle diese Schriften wurden Jahrzehnte nach dem Tod Jesu verfasst, selbst die Logienquelle wohl erst um 70 redaktionell abgeschlossen. Und dieser Tod veränderte alles Vorherige, da die Jünger Jesu in der schrecklichen Not standen, ihn in die frohe Botschaft vom Reich Gottes integrieren zu müssen. So entstand die Sühneopfertheologie und als Antwort darauf der Auferstehungsmythos bis hin zur Erhebung Jesu Christi als Gott Sohn in der Trinität Gottes. Dies alles strahlte wiederum in die bisher vor allem mündlich tradierten Erzählungen vom Auftreten des historischen Jesus zurück und wurde von den Evangelisten aufgenommen, wie sie umgekehrt auch von der Vergangenheit her die Prophetien über den Messias auf Jesus bezogen haben. Offenbar war der Schock der Kreuzigung für sie so groß, dass sie ohne diese theologischen Überhöhungen die zuvor von Jesus verkündigte Botschaft als vernichtet ansahen. – Das hätte man aber auch anders sehen können. Wenn man nicht Jesus selbst mit seiner Botschaft gleichsetzt, muss sein schmachvoller Tod am Kreuz keineswegs die Predigt vom Reich Gottes als sinnlos erscheinen lassen; er zeigt nur, welch furchtbaren Widerständen dieses Reich ausgesetzt ist. Und auch wenn Jesus eines natürlichen Todes gestorben wäre (was er wahrscheinlich selbst nicht erwartete), wäre seine Botschaft nicht obsolet. Das haben immerhin Theologen wie Petrus Abaelard, Adolf von Harnack oder Karl Rahner so gesehen.

Jesus der Prophet des Reiches Gottes oder der Weltenrichter?

Wie sich der historische Jesus tatsächlich ausgedrückt hat und wie er sich selber sah, ist durch die dicken Schichten der kerygmatischen Überlagerungen bestenfalls zu erahnen. – Nehmen wir nur die Szene vor dem Hohen Rat als Beispiel. Der Hohepriester Kaiphas sagt zu Jesus:

> „Ich beschwöre dich bei Gott dem Lebendigen: Sag uns, ob du der Messias bist, der Sohn Gottes.“ Jesus antwortete ihm: „Ja, ich bin es. Doch ich sage euch: Von nun an werdet ihr den Menschensohn zur Rechten des Allmächtigen sitzen und auf den Wolken des Himmels kommen sehen.“ (Mt 26,63f.)

Schon die Aufforderung des Kaiphas wirkt so, als ob sie aus späterer kerygmatischer Perspektive formuliert wäre, erst recht die Antwort Jesu. Sie legitimiert ihn nun als Richter, der vom Himmel herabkommt, um am Ende der Zeit die Welt zu richten. Die Szene findet sich so nicht bei Johannes, sondern bei Matthäus; das zeigt, wie stark auch die synoptischen Evangelien vom nachösterlichen Kerygma geprägt sind. Und sie wirft abermals die Frage auf: Wenn Jesus oder Christus der endzeitliche unerbittliche Weltenrichter ist, wie kann er dann gleichzeitig das Reich Gottes verkörpern oder predigen, das ein Reich der alles durchdringenden Einheit und Liebe ist?

Alle vier kanonischen Evangelien sind sich letztlich darin einig, dass „der Menschensohn" am Ende der Zeiten als Weltenrichter wiederkommen wird – „und alle Völker auf Erden werden wehklagen" (Mt 24,30), denn dann wird der Richter die Schafe von den Böcken scheiden und letztere werden der ewigen Verdammnis verfallen, wo Heulen und Zähneknirschen sein wird. In der Genese der Evangelien kann es durchaus sein, dass solche scharfen Reden Jesu vom Endgericht weitgehend eine Reaktion der Evangelisten auf die Entwicklung nach Jesu Tod sind, insbesondere unter dem Eindruck der schrecklichen Katastrophe des Jüdischen Krieges (66-70), der mit der Zerstörung Jerusalems und des jüdischen Gemeinwesens endete. Aber es bleibt die Frage: Wie passt dies mit der mindestens so ausgiebigen frohen Botschaft vom Reich Gottes überein? Wie kann der Menschensohn gleicherweise leidenschaftlich Retter und Richter sein? Die Evangelisten wussten sich offenkundig keinen Reim auf Richter und Retter zu machen. Sie haben sich nicht bemüht, diese Heterogenität zu harmonisieren, vielleicht weil das gar nicht zu machen ist und sie die Sache als Mysterium Gott anheimstellten.

Nehmen wir nur das Evangelium nach Johannes: Einerseits lässt er Jesus ganz klar sagen: „Zum Gericht bin ich in diese Welt gekommen." (Joh 9,39), andererseits: „Gott hat seinen Sohn nicht in die Welt gesandt, dass er die Welt richte, sondern damit die Welt durch ihn gerettet werde." (Joh 3,17, siehe auch Joh 12,47) Aufgelöst wird dieser Widerspruch nicht. Oder vielleicht im letzten Buch der Bibel, der Apokalypse, die insgesamt vom Endgericht handelt und traditionsgemäß dem Evangelisten Johannes zugeschrieben wird? Über 20 Kapitel werden dort die grauenvollen Katastrophen der Endzeit mit starken Bildern ausgemalt. Und wie schon im Prozess vor dem Hohen Rat angekündigt, kommt Jesus Christus jetzt „auf den Wolken. Jedes Auge wird ihn schauen, auch die, die ihn durchbohrt haben. Dann werden alle Geschlechter der Erde über ihn wehklagen." (Apk 1,7) Am Ende aber (in den letzten zwei Kapiteln) wird Christus den „neuen Himmel und die neue Erde" aufrichten und in deren Mitte das „neue Jerusalem". Hat wenigstens dieses Ähnlichkeit mit dem von Jesus verkündigten

Reich Gottes? Es möchte wohl anklingen, wenn man liest, Gott „wird jede Träne von ihren Augen wischen. Es wird kein Tod, keine Trauer, keine Klage und kein Schmerz mehr sein." (Apk 21,4) Dann aber geht es weiter:

> „Die Feigen aber, die Mörder, die Unzüchtigen, die Zauberer, die Götzendiener und alle Lügner sollen im brennenden Feuer- und Schwefelpfuhl ihren Anteil erhalten. Das ist der zweite Tod." (Apk 21,8)

... nicht nur für die Verdammten, möchte ich meinen, auch für die jesuanische Idee vom Reich Gottes, die meinem Verständnis nach auf der fundamentalen Überwindung des antagonistischen Denkens und Lebens beruht.

Immerhin hat das unmenschlich krasse Entweder-Oder der Apokalypse wie der Widerspruch von froher Botschaft und Weltgericht den Christen über die Jahrhunderte schwer im Magen gelegen. Die armenische Kirche z.B. sah eine Lösung des Konflikts in dem Glauben, dass am Ende der Zeiten selbst der Satan mit allen Verdammten aus der Hölle in den Himmel gerettet würden und die Hölle damit aufgelöst wäre; allerdings müsse dazu Christus ein weiteres Mal am Kreuz sterben. Papst Benedikt XII. hat im 14. Jahrhundert diese Lehre verurteilt, die eine Verewigung des Antagonismus auf fragwürdige Weise abzuwenden versucht. Die katholische Lehre vom zeitlich begrenzten Purgatorium oder Fegefeuer ist ein anderer Versuch, die Richter- mit der Rettertheologie notdürftig zu vermitteln. Allerdings bestanden die protestantischen Reformatoren nicht zu Unrecht darauf, dass in der Bibel davon keine Rede sei. (Und außerdem: Wie soll man sich eigentlich eine zeitliche Begrenzung in der Ewigkeit vorstellen?) – Also bleibt es bei den Ungereimtheiten.

Persönliche Entscheidung für das Reich Gottes

Man mag bedauern, dass die originale Predigt Jesu derartig vom Kerygma der Kirche überdeckt wurde; das jedenfalls ist in der Exegese der letzten zwei Jahrhunderte immer offenkundiger geworden. Wir möchten gerne wissen, was der historische Jesus von Nazareth selbst über die ihm zugesprochenen Gerichtsreden sagen würde. Ein Hinweis immerhin findet sich in der Bergpredigt:

> „Richtet nicht! Dann werdet ihr nicht gerichtet werden. Verdammt nicht, so werdet ihr nicht verdammt. Vergebt, so wird euch vergeben. Gebt, so wird euch gegeben: Ein gutes, völliges, gerütteltes und überfließendes Maß wird euch in den Schoß geschüttet. Denn mit dem gleichen Maß, mit dem ihr messt, wird euch wiedergemessen." (Lk 6,37f.)

Daraus geht hervor, dass sich jeder Mensch gewissermaßen selbst richtet gemäß seinem Verhalten. Eigentlich bedarf es da gar keines Weltenrichters mehr. Ja, es ist möglich, sich jeden Gerichts zu entziehen, – nämlich wenn man gemäß dem Reich Gottes lebt, d.h. in der Liebe zu Gott und dem Nächsten, in der es kein richtendes Gegenüber mehr geben kann.

Aber liest man wiederum die Gerichtsreden Jesu kann man zweifeln, ob Jesus dieser Interpretation wirklich zugestimmt hätte. Es könnte ja auch sein, dass die Widersprüche schon beim historischen Jesus von Nazareth vorhanden waren und sich nicht einmal geklärt hätten, wenn wir persönlich seinen Predigten hätten zuhören und ihn befragen können. (Solche Widersprüche halten die Kirchenführer von jeher für undenkbar, ja sie glauben traditionell – wie z.B. Martin Luther –, dass im Licht des Glaubens die ganze Bibel keine Widersprüche enthalte. Wer es fassen kann, der fasse es. Ich kann es nicht.)

Letztlich kommen wir, auch wenn die Grundzüge des jesuanischen Verständnisses vom Reich Gottes erkennbar sind, nicht um eine persönliche Positionierung und Entscheidung herum. Und das ist wohl auch gut so; denn diese Situation nimmt uns als religiöse Subjekte ernst und lässt uns nicht in der Unmündigkeit. Von hier aus ist darüber nachzudenken, was denn mit der „Nachfolge Christi“ im guten Sinne gemeint sein kann. In der kirchlichen Tradition wird damit in erster Linie der Glaube an Jesus Christus als der Gekreuzigte und Auferstandene gemeint, im Weiteren auch das Befolgen seiner Gebote. In jedem Fall steht Christus als Welterlöser und Sohn Gottes da unvergleichlich hoch über uns. Anders sieht es schon aus, wenn wir uns die lateinische Formulierung „Imitatio Christi“ vor Augen führen, wie sie der selige Thomas von Kempen gebraucht hat. Imitatio lässt sich ebenso als Nachahmung (griechisch: Mimesis) übersetzen wie als Nachfolge, d.h.: wir sollen uns bemühen, es Christus gleichzutun. Wer einwendet, das gehe doch gar nicht, den dürfte Jesus auf das von ihm gepredigte Reich Gottes verweisen – und vielleicht dazusagen: „Ich bin auch nur ein Mensch, aber das ist genug in Gott.“

Wenn ich mich nun aber in der Imitatio Christi und für das Reich Gottes entscheide, dann ist die Frage, was das für mich persönlich bedeutet, wovon ich mich aus den vielfältigen Reden Jesu darüber besonders ansprechen lasse und wie ich es selber kreativ weiterentwickeln kann, womöglich nicht nur für mich allein, sondern auch für andere, mit denen ich in Resonanz stehe.

Aus meiner Sicht – wenn ich mich denn positionieren soll – ist das Reich Gottes nicht mit dem Gerichtsdenken zu vereinbaren. Dieses beruht bestenfalls auf der Idee der ausgleichenden Gerechtigkeit, die sowohl für das Judentum wie die ganze antike Welt grundlegend war. Tatsächlich war die Idee der Gerechtigkeit und der Gesetzgebung *die* große Errungenschaft der

Kulturbildungen seit dem Ende der „wilden“ Vorzeit gewesen. Jesus und seinem Reich Gottes reicht das aber nicht; darin liegt seine Revolution:

> „Ihr habt gehört, dass zu den Alten gesagt worden ist: Auge um Auge, Zahn um Zahn! Ich aber sage euch: Leistet dem Bösen keinen Widerstand, sondern wenn dich jemand auf die rechte Wange schlägt, so halte ihm auch die andere hin…“ (Mt 5,38f.)

Man kann sich lebhaft vorstellen, wie die Skeptiker, die solche Worte aus der Bergpredigt hörten, dazwischenfuhren und riefen: „Wo bleibt denn da die Gerechtigkeit?!“ Und natürlich ist das bis heute so. Jesus ging es aber, noch über die Gleichbehandlung von Guten und Nicht-Guten hinaus, darum, das antagonistische Denken zu durchbrechen, das einen tiefen Graben zwischen Ich und Du, Wir und Ihr, Mensch und Gott zieht. – Gerade das Judentum, das seinen Gott aus den heidnischen Naturzusammenhängen herausgeschafft hatte, pflegte das Gottesbild des „Ganz Anderen“, der so hoch stand, dass man seinen Namen nicht aussprechen durfte. Und ebenso pflegte es (weitgehend bis heute) seine distinkte Identität in Abgrenzung zu anderen Völkern, in der Zeit Jesu außerdem die Abgrenzungen der verschiedenen sozial-religiösen Gruppen: Sadduzäer, Pharisäer, Essener, Zöllner, Samariter etc.. Alle diese Begrenzungen sind für Jesus Barrieren gegen das Reich Gottes. Also nannte er Gott „Abba“, ließ sich (wenn auch zögerlich) auf Fremde und Andersgläubige ein, vor allem aber auf Verachtete und „Kleine“, wie Zöllner, Frauen bis hin zu Ehebrecherinnen, Kranke, Bettler und Kinder, „… denn ihrer ist das Himmelreich.“

> „Hütet euch davor, einen von diesen Kleinen zu verachten! Denn ich sage euch: Ihre Engel im Himmel schauen immerdar das Angesicht meines himmlischen Vaters.“ (Mt 18,10)

Was meint Jesus mit dieser Formulierung? Offenbar glaubt er, dass diese Kleinen im Reich Gottes unmittelbar bei Gott vertreten sind, und das nicht etwa erst nach ihrem Tod, sondern in Ewigkeit. Damit hebt er alle Stufen und Grenzen zwischen „diesen Kleinen“ und dem Himmel auf, allgemein gesagt: zwischen dem In-der-Welt-sein und Bei-Gott-sein. Und auch er selbst stellt sich damit nicht über die „Kleinen“, nicht einmal wenn er sich als „Sohn Gottes“ bezeichnet oder bei Johannes geradezu sagt: „Ich und der Vater sind eins“. (Joh 10,30) Als man ihn deswegen als Gotteslästerer steinigen wollte, entgegnete er: „Steht nicht in euerm Gesetz geschrieben: Ich habe gesagt: Ihr seid Götter?“ (Joh 10,35) Tatsächlich heißt es in Psalm 82,6: „Wohl habe ich gesagt: Ihr seid Götter, ihr alle seid Söhne des Höchsten.“ Dies ist allerdings ein ganz anderes Sohn-Gottes-Verständnis als das bei Johannes üblicherweise für Christus reservierte, nämlich ein inklusives! Für alle Menschen im Reich Gottes gilt, dass sie „Kinder ihres himmlischen Vaters“ sind, weil sein Reich keine Grenzen kennt, vielmehr ein Reich der Einheit ist. Damit kommen wir zurück auf das außergewöhnliche mystische Selbstverständnis Jesu, das im Reich Gottes auch die Mitmenschen einbezieht.

Aber sagt Jesus im Johannes-Evangelium nicht vor Pilatus: „Mein Reich ist nicht von dieser Welt“? (Joh 18,36, siehe auch Joh 8,23) Ja, der Evangelist Johannes lässt Jesus nicht nur hier so sprechen. Der Begriff „Welt“ ist für Johannes ganz überwiegend negativ besetzt, und Christus gilt ihm als Weltüberwinder: „In der Welt habt ihr Drangsal; aber seid getrost, ich habe die Welt überwunden.“ (Joh 16,33) In solchen Formulierungen zeigt sich der gnostische Einschlag im Johannes-Evangelium. Diese Sicht auf die „Welt“, an die sich die besonders im Protestantismus verbreitete Vorstellung vom irdischen Jammertal anschließt, ist nicht die der früheren Evangelien; denn aus der gnostisch-johanneischen Sicht folgt die Konsequenz, dass nicht diese Welt ein Ort für das Reich Gottes ist, sondern nur die „jenseitige“ Welt. Diesseits und Jenseits sind aber antagonistische Vorstellungen, die Jesus gerade hinter sich lassen wollte, wie ich hoffe, gezeigt zu haben. (Jedenfalls sehe ich das so. Eugen Drewermann sieht das – mit Johannes – wohl etwas anders.)

Freilich beruht schon die urjüdische Vorstellung von Schöpfer und Geschöpf auf einem Dualismus, wenn auch, im Unterschied zur Gnosis, auf einem freundlichen: „Gott sah alles, was er gemacht hatte. Und siehe: Es war sehr gut.“ (Gen 1,31) Nun, das ist, zumindest wenn man an die weitere Weltentwicklung denkt, eine durchaus einseitige Bewertung. Für mich ist die Natur ambivalent, aber qua Dasein doch fundamental positiv. (Denn aus rein Negativem ließe sich keine Welt aufbauen; mit Heidegger gesagt: „Das Nichts nichtet.“) – Aber was ist mit dem Schöpfer-Schöpfungs-Dualismus? Widerspricht er nicht der jesuanischen Einheit von Ich, Gott und Nächstem, also auch Welt?

Jesus scheint sich nicht mit Schöpfungsfragen und Verhältnissen zur Natur beschäftigt zu haben, wie überhaupt die jüdische Religionstradition, nachdem sie einmal Gott von der Natur getrennt hatte, ein ziemlich hochgradiges Desinteresse an der Natur zeigt. Ökologisch bewegte Christen schmerzt das verständlicherweise und sie bemühen sich, doch eine gewisse Naturverbundenheit bei Jesus nachzuweisen, etwa über seine vielen Naturbilder und -gleichnisse. Gerade die zeigen aber, dass die Natur hier fast nur symbolisch instrumentalisiert ist. Immerhin sagt Jesus, dass auch die Vögel des Himmels und die Lilien des Feldes, mithin die ganze Natur, in gewisser Weise in Gottes Hut sind, aber er betont gleichzeitig vor seinen Jüngern: „Wieviel mehr wert seid ihr als die Vögel!“ (Lk 12,24) und dass „das Gras, das heute auf dem Felde steht, morgen in den Ofen geworfen wird“. (Lk 12,28) Von den 2000 bei der Dämonenaustreibung von Gerasa ersoffenen Schweinen und der Verfluchung des unfruchtbaren Feigenbaumes wollen wir lieber erst gar nicht reden. Damit lässt sich jedenfalls schwerlich eine ökologische Theologie oder gar eine Art Naturmystik aufbauen.

Freilich läge es in der Konsequenz der transzendierenden Mystik Jesu, auch die Natur miteinzubeziehen; denn ohne dem würde hier das dualistische Gegenüber nicht zu Einheit gebracht. Und ohne fortwirkende Einheit und Grenzaufhebung kann das Reich Gottes nicht bestehen. Wer seinen Horizont so weitet, dass er im Reich Gottes sogar seine Feinde, ja gewissermaßen das Böse zu integrieren vermag, der sollte auch in der Natur keine unüberwindlichen Hindernisse sehen. – Was aber die konkret überlieferten Evangelien betrifft, so passen sie hier und man muss sich wohl anderweitig nach derartigen Ergänzungen umsehen, etwa bei „weltfrommen“ Monisten wie Lao tse mit seinem Tao oder gar Spinoza („deus sive natura“), der indes von den Philosophen der christlicherseits meistgehasste sein dürfte.

Die Einswerdung im Thomas-Evangelium

Anstatt hier das Reich Gottes endgültig ins Weite auszuziehen, möchte ich lieber zum Schluss noch einmal die umgekehrte Richtung, nämlich die auf das Eine in den Blick nehmen und dabei auf das Thomas-Evangelium zurückgreifen, unter den vielen apokryphen Evangelien sicher das bemerkenswerteste. Diese erst 1945 im ägyptischen Nag Hammadi wiederentdeckte Spruchsammlung erscheint ziemlich heterogen. Höchstwahrscheinlich war sie auch in etlichen Varianten vorhanden, die seit dem zweiten Jahrhundert aufgeschrieben wurden. Die ältesten Elemente gehen wohl auf die Logienquelle zurück, stimmen jedenfalls mit Matthäus und Lukas überein; in späteren Schichten tendiert die Schrift vor allem zur Gnosis, wobei aber auch neuplatonische Momente eine Rolle gespielt haben könnten. Die Bedeutung Jesu wird hier nicht in den christologischen Mysterien der Kreuzigung und Auferstehung gesehen, auch nicht in den Wundern, vielmehr in den Jesus zugeschriebenen Worten. Aus diesen geht hervor, dass das „Königreich des Vaters“ im Zentrum der Predigt Jesu steht, und das gerade nicht, wie fast immer beim Evangelisten Johannes, in exklusiver, sondern in inklusiver Weise. Das heißt: Jesus erscheint nicht als der Erlöser der Menschen oder der Welt – schon gar nicht als Weltenrichter –, vielmehr als Prophet und gleichzeitig Prototyp der Hinwendung zum Königreich des Vaters, die in jedem Einzelnen vor sich gehen soll. Das Wesen dieser Hinwendung ist die Einswerdung.

Zunächst möchte ich anknüpfen mit einem Zitat, das wir in ähnlicher Form schon von Lukas kennen (Lk 17,20f.) und das auch in anderen apokryphen Evangelien eine Rolle spielt. (siehe Evangelium der Maria Magdalena, p. 8)

> „Wenn die, die euch vorangehen, zu euch sagen: ‚Siehe, im Himmel ist das Königreich!‘, dann werden die Vögel des Himmels euch zuvorkommen. Wenn sie zu euch sagen: ‚Es ist im Meer“, dann werden euch die Fische zuvorkommen. Vielmehr: Das Königreich ist innerhalb von euch und außerhalb von euch. (Tho 3)

Bemerkenswert daran dürfte nicht nur sein, dass das Königreich, statt exklusiv in Jesus, in jedem Einzelnen ist – das scheint schon Lukas zu meinen –, sondern dass es sowohl innerhalb als auch außerhalb der Menschen ist; und mit „außerhalb“ ist hier, nach den vorangegangenen Sätzen, (auch) die Natur gemeint. Dazu könnte die bereits zitierte Aussage passen, dass es „über die Erde ausgebreitet ist“. (Tho 113) Somit gibt es doch so etwas wie den Ansatz einer christlichen Naturmystik – freilich einen nicht kanonisierten. Das Königreich des Vaters ist also geradezu überall, zumindest potentiell. Denn wenn es irgendwo nicht sein könnte, dann wäre es nicht mehr ganzheitlich und seine Einheit wäre geteilt und damit relativiert und letztlich aufgehoben.

Darum ist der Jesus gerade des Thomas-Evangeliums unbedingt an der Einung auf allen Ebenen interessiert, selbst auf der Alltagsebene. Als er einmal gebeten wird, in einem Erbstreit das Erbe aufzuteilen, ruft er empört: „Bin ich etwa ein Teiler?!“ (Tho 72) Damit will er sagen: Ich will überall ein Vereiner sein, denn „Ich bin der, der aus dem stammt, der stets mit sich eins ist.‘“ (Tho 61) Diese Einheit Gottes ist aber nicht nur seine Einheit, sondern letztlich die Einheit des Vielen im Ganzen. Darum fordert Jesus seine Jünger auf: “Wenn ihr die zwei zu einem macht [...] werdet ihr in das Königreich eingehen.“ (Tho 22) Das ist das kurzgefasste Programm zur Aufhebung des Dualismus in den Monismus. Es wirkt darum an dieser Stelle eher neuplatonisch (um nicht zu sagen: pythagoreisch) als gnostisch im üblichen Sinne. Die Aufhebung aller Dualität liegt aber in der Konsequenz der Mystik, auch auf zeitlicher Ebene. Darum lässt Thomas Jesus sagen: „Selig ist, wer war, bevor er wurde.“ (Tho 19) Das wiederum erinnert stark an eine Jesus-Aussage im Johannes-Evangelium: „Ehe Abraham ward, bin ich.“ (Joh 8,58) Ja, auch sonst gibt es Ich-Worte Jesu, die deutlich an das Johannes-Evangelium erinnern, die dortigen womöglich noch überbieten:

„Ich bin das Licht, das über allem ist. Ich bin das All. Aus mir ist das All hervorgegangen. Und zu mir ist das All gelangt. Spaltet ein Holz – ich bin da. Hebt einen Stein auf – und ihr werdet mich dort finden." (Tho 77)

Ist das nun etwa nicht größenwahnsinnig oder egoman? Es kommt auf die Perspektive an. Im mystischen Kontext, der das Ich und überhaupt alle Begrenztheiten aufhebt, kann man nicht von Egomanie sprechen. Im Thomas-Evangelium spricht Jesus, wie die Kontexte zeigen, sicher nicht von sich als exklusives Ich. (Und in diesem Sinne kann schon gar nicht Gott so etwas sein wie ein Super-Ich.) Das Ich ist vielmehr in das „All" aufgegangen. – Könnte das nicht auch im Johannes-Evangelium so gemeint sein? Wenn ja, müsste man auch das Johannes-Evangelium mystisch interpretieren Und wie ich gezeigt habe, ließe sich das „Ich" des johanneischen Christus durchaus mit „Reich Gottes" ersetzen. Wenn sich dort aber das Ich Christi der „Welt" *gegenüberstellt*, habe ich Zweifel, dass das so gemeint sein kann. Ja, das Johannes-Evangelium hat deutlich mystische Züge, aber es scheut gleichzeitig davor zurück, Christus in dieser Einheit aufgehen zu lassen; vielmehr beschränkt es sie auf das Verhältnis zwischen ihm und Gott. Im Verhältnis zu den Menschen und zur Welt stellt es Christus im Gegenteil als ganz und gar singulär heraus. Christus fällt damit aber buchstäblich „aus der Welt", auch wenn ihm zugesprochen wird, zur Rettung der Welt gesandt worden zu sein. (Zu den Parallelen und Antagonismen zwischen Johannes- und Thomas Evangelium siehe ausführlicher Elaine Pagels, *Das Geheimnis des fünften Evangeliums – Warum die Bibel nur die halbe Wahrheit sagt*, 4. Aufl. München 2009, vor allem S. 36-79.)

Aus dem Blickwinkel der Synoptiker, von dem wir ausgegangen sind, muss die johanneische Exklusivität Christi problematisch erscheinen. Sie macht die Imitatio Christi und damit die aktive Ausbreitung des Reiches Gottes nahezu unmöglich und setzt den Menschen in einer totalen Abhängigkeit und Passivität fest. Eine Konsequenz daraus ist die kirchliche, besonders die protestantisch reformierte Gnadenlehre. Das ist meines Erachtens nicht das, was Jesus mit dem Reich Gottes im Sinn hatte. Vielmehr möchte ich noch einmal unterstreichen, dass sich die jesuanische Mystik, sein tiefes Erleben der Einheit mit Gott, auch auf die Menschen bezieht. („Also sollten wir doch gleich sagen, wir reden nicht von Gnade, sondern davon, dass Gott zu uns steht und dass er bereit steht, uns zu verstehen." Eugen Drewermann, *Wir glauben, weil wir lieben*, Ostfildern 2010, S. 90.) In der tätigen Liebe zu den Menschen (und gerne auch darüber hinaus zu den Tieren, Pflanzen und Dingen) wird Gott erkannt und erlebt. Und in diesem Sinne hat das Christentum dann auch eine politische Dimension. Es kann dem Christen nicht egal sein, was mit seinen Mitmenschen und der ganzen Welt geschieht. Er weiß, dass alle Bemächtigungen, alle egoistischen und objektivistischen Grenzen ein Ausdruck der Unerlöstheit oder Abkehr von Gott sind, dass wir aber in der Wahrheit des Reiches Gottes mit Gott und der ganzen Welt „in *einem* Boot sitzen“, wie es das Thomas-Evangelium herausstellt. Und durch die Reden vom Reich Gottes in den früheren Evangelien weiß er auch: Jesus will, dass wir an dieser großen Einheit gleichsam als Organe Gottes, in welche Dimensionen auch immer, leidenschaftlich mitwirken.

Das Glück der Wirklichkeit liegt in ihrer Verbundenheit, in ihrer letztlichen Einheit.

„...neue Religion zu stiften" – für ein resonantes Christentum

Friedrich Schlegel schrieb am 2. Dezember 1798 an Novalis: „Ich denke eine neue Religion zu stiften oder vielmehr sie verkündigen zu helfen: denn kommen und siegen wird sie auch ohne mich." – Warum waren die Romantiker schon vor über 200 Jahren der Meinung, wir bräuchten eine "neue Religion"? Weil sie sahen, dass vom konventionellen Christentum (insbesondere vom aufklärerisch verdünnten Protestantismus) keine existentielle Kraft mehr ausging.

Die als „Universalpoesie", als „Poetisierung des ganzen Lebens" konzipierte „neue Religion" oder auch „neue Mythologie" ließ sich indes in der Lebenspraxis nur schwer durchhalten (es sei denn, man starb früh, wie Novalis). Etlichen protestantischen Romantikern genügte es offenbar, zu einem ästhetisch interpretierten Katholizismus zu konvertieren (wie schließlich auch Friedrich Schlegel und seiner Frau Dorothea, geb. Mendelssohn) oder jedenfalls mit ihm zu sympathisieren. Bezeichnend dafür ist der romantische Palestrina-Kult, etwa bei Ernst Theodor Amadeus Hoffmann, Anton Friedrich Justus Thibaut oder auch Carl Loewe. In dessen von seinem Freund Ludwig Giesebrecht gedichteten Libretto zum Oratorium *Palestrina* heißt es am Schluss: „Himmel der Kirche, nun hab ich dich funden / In der Musik, in dem tönenden Meer." Die Musik als die (nach Hoffmann) „romantischste aller Künste" geriet dann tatsächlich bis ins 20. Jahrhundert zu einer Art ästhetischer Ersatzreligion und Fluchtburg vor der zunehmend ernüchterten und ernüchternden Welt. In gewisser Weise spielt sie sogar heute noch diese Rolle. Aber mit dem Christentum hatte das nur noch sehr entfernt etwas zu tun (am Ende vielleicht noch in Gustav Mahlers 2. Symphonie).

Hatte und hat uns das Christentum tatsächlich nichts mehr zu sagen? Oder ist seine existentielle Kraft nicht vielmehr verschüttet unter einem Wust von traditionellen Konventionen und dogmatischen Konzepten, die sich seit dem ersten Jahrhundert angehäuft haben? – Fest steht jedenfalls, dass Religionen in einer bestimmten Situation nur dann etwas taugen, wenn sie imstande sind, Antworten auf existentielle Fragen und Infragestellungen zu geben. Die beiden zentralen Infragestellungen, die ich in der heutigen modernen Gesellschaft sehe, sind einerseits die soziale Isolierung bis hin zum Solipsismus und andererseits der drohende ökologische Zusammenbruch. Um auf beide Bedrohungen eine Antwort zu finden, bedarf es nicht nur funktionaler Verbesserungen. Das wird in der Regel nicht genug gesehen, so als genügte es hier, Geld und Technik und die Mühe für einige politische Abkommen zu investieren. Vielmehr tut eine fundamentale Umorientierung, eine geistige Neuorientierung not, die die Instrumentalisierungstendenzen und die

Wachstumseskalation des ganzen neuzeitlichen Denkens in Frage stellt und ins Gleichgewicht bringt. Dazu hätte die romantische Universalpoesie einiges zu sagen, vielleicht sogar die Musik; aber die allgemeine Ernüchterung der Gemüter hat inzwischen einen Grad erreicht, der es noch viel unwahrscheinlicher als vor 200 Jahren macht, dass auf diesem Wege große gesellschaftliche Veränderungen angegangen werden könnten. Da dürfte ein erneuertes Christentum tatsächlich größere Chancen haben, vorausgesetzt es ließe sich tatsächlich von Grund auf erneuern, so dass es wirklich eine Art „neue Religion“ wäre.

Die Antworten, die die heutigen Kirchen auf die existentiellen Infragestellungen geben, sind offenkundig zu schwach. Zwar beobachtet man mit einiger Hoffnung das immer noch ziemlich verbreitete Bedürfnis nach Religiosität, aber es kommt nur zum kleinen Teil den Kirchen zugute. Erstaunt stellt man kirchlicherseits fest, dass viele suchende Menschen sich lieber obskuren „Sekten“, fernöstlichen Religionen wie dem Buddhismus, Naturkulten oder geradezu abstrus erscheinendem Aberglauben anhängen als dem traditionellen Christentum mit seinem in 2000 Jahren angewachsenen Reichtum an Daseinsinterpretationen. Offenbar tragen diese Interpretationen nicht mehr.

Man nehme nur das für die allermeisten Kirchen grundlegende Glaubensbekenntnis. Welchem modernen Menschen sagen die darin formulierten Sätze noch etwas? Für wen sind sie noch tragende Heilsgewissheiten? Von der Sakramentenlehre und anderen „Spitzfindigkeiten“ ganz zu schweigen. Viele Menschen hierzulande sehen darin einen Wirrwarr, in dem sich nur noch Theologen auskennen und der sie selbst nichts angeht. Sie wissen nicht einmal mehr zu sagen, worum es zu Weihnachten, dem populärsten christlichen Fest, eigentlich geht, erst recht nicht zu Ostern oder gar Pfingsten. Die katholische Kirche ist für viele Außenstehende seit Paul VI. nur noch vordergründig als die Position einer restriktiven Sexualmoral bekannt, die evangelische im Grunde schon seit 250 Jahren als eine Art allgemeinethisches Diskussionsforum, das gelegentlich Verlautbarungen von sich gibt. Wieviel hat das eigentlich mit Religion zu tun, und mit einer spezifisch christlichen? Nennen sich nicht auch politische Parteien „christlich“, bei denen man sich genauso fragt, was daran eigentlich christlich sein soll?

Wahrhaftig, Vieles scheint obsolet geworden zu sein, bis hin zum Begriff Gottes. Gott ist nicht nur tot, wie Friedrich Nietzsche im 19. Jahrhundert mit existentiellem Entsetzen (über sich selbst) feststellte, er ist inzwischen so gut wie vergessen. Man kann dafür einfach die allgemeine neuzeitliche Entwicklung verantwortlich machen. Man kann sich aber auch fragen, ob nicht auch die kirchliche Redeweise von Gott, von Christus, vom Glauben selbst dazu beigetragen hat, indem sie die Verbindung zwischen den Inhalten ihrer Rede und der Lebenssituation ihrer Hörer mehr und mehr vernachlässigte. Im Laufe der zweitausendjährigen Kirchengeschichte hat es immer wieder Versuche von unten gegeben, eine neue Aktualisierung der christlichen Botschaft durchzusetzen. Sie wurden aber von der geistlichen und weltlichen Obrigkeit überwiegend als Revolten angesehen und unterdrückt. Erinnert sei nur an radikale Reformatoren wie Girolamo Savonarola oder Thomas Müntzer, aber auch an die politische Theologie in Lateinamerika.

Der Mangel an Entwicklingsbereitschaft der Kirchen resultierte nicht nur aus dem Willen zum schieren Machterhalt, sondern auch aus einem internen Systemzwang der Offenbarungsreligionen; indem man sich einmal auf bestimmte Dogmen festgelegt hatte, weil man sie letztlich als von Gott geoffenbart ansah, kam man von dort nicht mehr herunter. Die Religion war im Wesentlichen festgezurrt – am stärksten fällt dies wohl in den orthodoxen Kirchen auf – und in dieser Formation fast auf Gedeih und Verderb der Erosion durch die Geschichte ausgesetzt.

Was müsste geschehen, um das Christentum oder fundamentaler gesagt: die Botschaft Jesu erneut, in gewisser Weise sogar erstmalig fruchtbar und zunächst einmal glaubwürdiger werden zu lassen? Meines Erachtens sollte man den Anspruch einer exklusiven Offenbarungsreligion aufgeben. Der alte, im Konzil von Florenz (1438-1445) als Dogma festgeschriebene Satz „Extra ecclesiam nulla salus." ist ohnehin durch die zunehmende Toleranz und Respektierung der Kirchen untereinander und sogar gegenüber anderen Religionen schon weitgehend aufgeweicht worden. Wenn man darüber hinaus wie das Christentum davon ausgeht, dass „Gott Mensch geworden ist", läge doch eigentlich eine induktive Religionsbegründung von unten näher als eine deduktive, vorausgesetzt man nimmt die Menschwerdung Gottes ernst und erklärt Jesus Christus nicht für einen als Mensch verkleideten Gott (wie im Doketismus). In einem weiteren Sinne kann man aber durchaus an dem Offenbarungscharakter festhalten, nämlich als vielfältige Offenbarung Gottes in der Menschheit und der ganzen Natur, so wie am „Wirken des Heiligen Geistes in der Geschichte"; nur darf man solche Begriffe nicht exklusiv, apologetisch und aggressiv verwenden.

Ähnliches gilt für die gesamte Dogmatik. Man sollte es einfach lassen, von Gott und Jesus Christus in irgendwelchen festen Lehrsätzen zu reden, und das heißt auch: auf die ganze dogmatische Christologie verzichten. Jesus selbst war kein Theologe, und was er uns zu sagen hat und vorgelebt hat, entsprach keinem System. Das haben die frühen Christen ihm nur sehr bald nach seinem Tod übergestülpt und dann jahrhundertelang weiter verfestigt, weil sie mit dem Phänomen Jesus überfordert waren und vor allem das furchtbare Ende am Kreuz irgendwie in ihr Weltbild integrieren mussten. (Mir ist bewusst, dass meine Vorschläge hinsichtlich der Umsetzung hochgradig illusorisch sind; vielleicht hat es trotzdem etwas Befreiendes, ihnen einmal nachzugehen.)

Aber was bleibt dann übrig vom Christentum oder der Botschaft Jesu und seinem Gott? Dorothee Sölle – in anderer Weise auch Eugen Drewermann – hat als Theologin den Mut gehabt, sich zu solchen Fragen vorzuwagen. Sie hat sich nicht gescheut, daraus einfache Konsequenzen zu ziehen:

> „'All you need is love.' Du brauchst nichts anderes, es wird nichts anderes verlangt, nichts anderes zählt. Es gibt nur dieses eine, auf das es ankommt. Alles andere ist Nebensache, die wir uns getrost schenken können. Die Sehnsucht nach Geborgenheit und nach dem ewigen Du ist verständlich. Aber in Christus ist sie abgelöst. Christus hat gesagt, das ewige Du sei im irdischen, sonst nirgendwo. [...]
> Wenn wir in Zukunft von Gott noch etwas sagen können, dann nur dies: Gott ist, daß wir lieben können. [...]
> Wir sollten aufhören, Gott zu suchen. Er ist längst da."
>
> (Sympathie. Theologisch-politische Traktate, 3. Aufl. Stuttgart 1981, S. 284f.)

Das sind Worte von einer Ungeheuerlichkeit, die den meisten Gläubigen und den Kirchenführern bis heute den Atem verschlägt. – Aber brauchen wir dann überhaupt noch Jesus? Ich denke, Jesus hat uns in seiner Predigt und in seinem Leben wie vielleicht kein Zweiter gezeigt, was es heißt zu lieben, im Nächsten Gott zu lieben. Ohne sein konkretes Beispiel könnte die Liebe leicht zu einem schönen Gerede verkommen. Seine Gleichnisse, wie das vom barmherzigen Samariter, machen klar, worauf es in der existentiellen Liebe ankommt. Von hier aus fängt das „Reich Gottes" an. Und die Kirchen, wie wir selbst, täten gut daran, immer wieder dort anzusetzen und nichts Ausgedachtes dazwischenkommen zu lassen. Von dieser Priorität aus könnte jedenfalls eine starke Antwort auf die existentielle Infragestellung durch die grassierende soziale Isolation ausgehen. (Mir scheint immerhin, dass ungewöhnlicherweise gerade Papst Franziskus eine solche Priorisierung im Blick hat; er bräuchte aber viele entschlossene Unterstützer, um damit durchzudringen.)

Man könnte die jesuanische Liebe als Selbstüberschreitung eine gelebte Transzendenz nennen, die eben das Transzendente im Immanenten findet. So weit gesehen bezöge sie sich nicht nur auf Menschen und Gott, sondern auch auf alles Außermenschliche. Es ist aber einzugestehen, dass Jesus aus seiner jüdischen Tradition heraus diese Dimension fast gar nicht im Blick hatte. Insofern ist mit der Gottes- und Menschenliebe doch nicht alles gesagt. Die alten Israeliten hielten sich viel darauf zugute, von der Natur, anders als die Heiden, als seelenlosen „Dingen“ zu reden, die theologisch nicht weiter in Betracht kommen. Daran hat auch das Christentum nichts geändert. Jesus selbst verwendet in seinen Gleichnissen zwar oft Naturbilder, aber eben fast nur als Bilder, nicht als Entitäten mit eigener Würde.

Die heute in christlichen Kreisen umgehende Forderung nach „Bewahrung der Schöpfung“ klingt unter Berufung auf die Religion daher etwas bemüht. Schon der Dualismus von Schöpfer und Geschöpf ist meines Erachtens problematisch, da er die Einheit der Wirklichkeit auseinanderreißt und in der Welt ein „Machwerk“ sieht. Dieses dualistische Verhältnis zwischen Schöpfer und Geschöpf setzt sich nun nach dem Schöpfungsbericht der Genesis im Verhältnis von Mensch und Natur fort, wenn Gott die Menschen auffordert, sich die Erde „untertan“ zu machen. Da liegt nicht gerade zu Tage, dass das vor allem „verantwortungsvoll mit ihr umgehen“ heißen soll; es könnte mindestens so leicht als „unterwerfen“ gedeutet werden. Und da wären wir nicht mehr so weit von dem einflussreichen Programm der neuzeitlichen Naturwissenschaft entfernt, das Francis Bacon 1620 in seinem *Novum Organum* in die schauderhaften Worte gefasst hat, man solle die Natur "auf ihren Wegen mit Hunden hetzen", man solle "sie sich gefügig und zur Sklavin machen", sie solle "unter Druck gesetzt werden“, und das Ziel des Wissenschaftlers sei es, "die Natur auf die Folter zu spannen, bis sie ihre Geheimnisse preisgibt."

Es hilft nichts: Die christliche wie die jüdische Religion haben in puncto Natur ein Defizit, das man als stummes Naturverhältnis kennzeichnen könnte und das in den letzten neuzeitlichen Jahrhunderten immer verheerendere Auswirkungen gezeitigt hat.

Angesichts der sich immer stärker abzeichnenden ökologischen Katastrophe, die längerfristig sowohl die Existenz der Menschheit wie große Teile der sonstigen Natur bedroht (und womöglich kaum noch zu bremsen ist), erscheint es mir erforderlich, dass eine zeitgemäße Religiosität auch unser Verhältnis zur Natur viel mehr ins Zentrum rücken muss. Wenn das aus dem Fundus der christlichen Grundtexte und –traditionen kaum direkt zu leisten ist, könnte man sich vielleicht aus anderen religiösen Traditionen zu Ergänzungen inspirieren lassen. In Frage kommen dafür wohl kaum Gesetzesreligionen, die sich gerade in Abgrenzung von den Naturreligionen etabliert haben, wie das Judentum, der Islam, in gewisser Weise auch der Konfuzianismus. In Frage kommen aber natürlich auch keine wesentlich weltabgewandten Religionen, wie der ursprüngliche (Hinayana-) Buddhismus und in gewisser Weise auch der Hinduismus. Der in Ostasien entwickelte Mahayana-Buddhismus hingegen hat die westliche Spiritualität in den letzten Jahrzehnten nicht zuletzt im Sinne einer intensiveren Naturwahrnehmung und –annäherung beeinflusst, zumal mit der Tugend der „Achtsamkeit“, von der inzwischen in immer mehr Lebensbereichen die Rede ist – hoffentlich nicht nur die Rede. Diese Hauptrichtung des Buddhismus hat aber starke Anregungen des chinesischen Taoismus in sich aufgenommen. Und dessen tiefe religiöse Dimension in Bezug auf die Natur scheint mir fundamentalerer Art zu sein als selbst im Buddhismus. Denn hier geht es nicht um die letztliche Aufhebung des Ichs im Nirwana, sondern um die fortdauernde Resonanz zwischen „Mensch, Erde und Himmel", d.h. um die Resonanz im Ganzen.

Mit dem Begriff der „Resonanz" komme ich abschließend zu einem Thema, in dem vielleicht kürzere Wege zur notwendigen Ergänzung der christlichen Spiritualität sichtbar werden als über den für die meisten Europäer doch recht weit hergeholten Taoismus oder gar über die Regression zu Vorstellungen und Ritualen archaischer Naturreligionen.

Der Jenaer Soziologe Hartmut Rosa hat mit seinem 2016 erschienenen Buch *Resonanz – Eine Soziologie der Weltbeziehung* eine lebhafte Diskussion und dabei offenbar seinerseits Resonanz ausgelöst. In dem Buch geht es um gesellschaftliche Prozesse in der Moderne, und die Religion spielt dabei nur eine geringe Rolle (siehe vor allem S. 435-453). Mir scheint aber, dass Rosas Resonanzbegriff für die Religionen und ganz besonders für das Christentum, genauer gesagt: für den jesuanischen Ansatz weiter fruchtbar gemacht werden kann.

Als Gegenbegriff zur Resonanz greift Rosa den vor allem bei Marx und in der Kritischen Theorie der Frankfurter Schule thematisierten Begriff der „Entfremdung" wieder auf. Entfremdung wird ihm zu einem Signum der Moderne, die als „eine Geschichte der Resonanzkatastrophe" (allerdings auch als eine der Resonanzsensibilisierung) verstanden werden kann. Dies betrifft alle möglichen Lebensbereiche: von der Arbeits- und Konsumwelt, über den politischen Umgang, unser ganzes Verhältnis zur Natur bis schließlich zu uns selbst, insofern wir uns zu Apparaten machen. Die seit der frühen Neuzeit zunehmende Instrumentalisierung und Funktionalisierung hat die Lebenswelt in beängstigender Weise „verstummen" lassen. Die romantische Bewegung um 1800 war der erste und bis jetzt vielleicht wirkungsmächtigste Protest gegen diese Entwicklung, ein Ringen um neue Resonanzerlebnisse. Resonanz bedeutet eine „antwortende" Welt, nicht als bloßes Echo, sondern als lebendiges Gegenüber. Solche resonierenden Antworten werden, gerade im Zeitalter ihres Mangels, auf verschiedenen Ebenen intensiv gesucht, sei es in Familie, Freundschaft, Basisdemokratie, in Vereinen, in der Natur und der Kunst und eben auch in der Religion. Bildete diese im Mittelalter, wesentlich auch noch bis ins 18. Jahrhundert, die Hauptresonanz der Gesellschaft, so gilt sie im heutigen postmodernen Pluralismus nur noch als eine Möglichkeit unter vielen – und so scheint sie auch weithin von den Kirchen selbst betrachtet zu werden. (Diesem Denken hat die luthersche Zwei-Reiche-Lehre Vorschub geleistet.)

Für Jesus war seine Beziehung zu Gott die Resonanz schlechthin, aber er fand sie nicht jenseits der Welt, sondern in seiner liebenden Zuwendung zu den Menschen. Insofern trifft Rosas Vorstellung von religiöser Resonanz durchaus auf die Religion Jesu zu: „Religion [...] verspricht, dass Ur- und Grundform des Daseins eine Resonanz- und keine Entfremdungsbeziehung ist." „*Gott* ist dann im Grunde die Vorstellung einer *antwortenden Welt*." Und Rosa zitiert im selben Sinne Gottfried Kellers Roman *Der grüne Heinrich*: „Gott schien mir nicht geistlich, sondern ein weltlicher Geist, weil er die Welt ist und die Welt in ihm; Gott strahlt von Weltlichkeit." (Rosa, S. 435)

Kirchenvertreter werden solche Formulierungen vermutlich schnell als pantheistisch abtun, aber eigentlich scheinen sie mir auf der Spur Jesu zu liegen, wenn man seine Gottesliebe nicht nur in seiner Menschenliebe erkennt, sondern darüber hinaus als Weltliebe weiterzieht. In solcher Konsequenz könnte das Christentum eine vervollständigende Dimension gewinnen und überzeugende Antworten auf die zweite große Infragestellung unserer Zeit finden, auf die ökologische Krise als gestörtes Verhältnis zwischen Mensch und Natur.

Wir haben in den letzten Jahrhunderten gründlichst gelernt, wie man die Welt behandeln kann. Aber wir erfahren nun auch mehr und mehr, inwiefern das ein Irrweg war. Lao tse dagegen sagt von vorn herein:

> „Die Welt erobern und behandeln wollen,
> ich habe erlebt, dass das misslingt.
> Die Welt ist ein geistiges Ding,
> das man nicht behandeln darf.
> Wer sie behandelt, verdirbt sie.
> Wer sie festhält, verliert sie.
> [...]
> Darum meidet der Weise
> das Zusehr, das Zuviel, das Zugroß." (*Tao te king* 29)

Muss man da nicht eingestehen, dass der Taoismus schon vor über 2000 Jahren, zumindest was die Natur betrifft, bessere, resonantere Antworten gegeben hat, als das Christentum das je könnte? Und selbst in zwischenmenschlicher Hinsicht scheint Lao tse (aus abendländischer Perspektive) auf einem „jesuanischen Niveau" zu sein, wenn er sagt:

> „Der Weise hat kein Herz für sich.
> Er macht das Herz der Menschen zu seinem Herzen.
> Zu den Guten bin ich gut,

zu den Nicht-Guten bin ich auch gut.
[…]
Der Weise nimmt sie alle an als seine Kinder.“ (*Tao te king* 49)

Tatsächlich bin ich überzeugt, dass die Christen sehr viel vom Taoismus lernen können, aber auch der Taoismus hat seine Bedingtheiten und Einseitigkeiten; so hat sein Gestus, wie der fast aller alten Religionen, etwas Patriarchalisches (freilich erheblich weniger als der konkurrierende Konfuzianismus). Jesus ist da viel „moderner“, zeitgemäßer. Jesus ist weniger weise als präsent, dicht bei den Realitäten der Menschen. Aber er ist auch deshalb zeitgemäß, weil seine Botschaft in der Geschichte der Christenheit im Grunde so wenig gebraucht, historisch verbraucht worden ist. Wenn seine Aktualität nicht unter dicken Traditions- und Institutionalisierungsschichten verdunkelt wäre, müsste sie in der heutigen Situation eigentlich zünden wie ein großes Leuchtfeuer! – Und dass die jesuanische Botschaft im Hinblick auf die Natur noch ausbau- und anschlussfähig ist, sollte gar kein Nachteil sein. Es ist im Gegenteil sehr gut, wenn Religionen nicht vollendet erscheinen; denn geschlossene Systeme sind angesichts der unendlichen Wirklichkeit unglaubwürdig, so großer Beliebtheit sie sich auch bei vielen Gläubigen erfreuen.

Darum geht es natürlich nicht um eine „neue Religion“ als ein neues System; damit dürfte kaum etwas gewonnen sein. Es geht vielmehr um eine neue Art der Religiosität, die das Christentum (und vielleicht auch andere Religionen) lüftet und öffnet. Das große Charisma Johannes XXIII. beruhte wesentlich darauf, dass er mit dem 2. Vatikanischen Konzil „die Fenster aufstoßen“ wollte. (Leider ist das im Folgenden wegen der Beharrungsmacht der Traditionen nicht überzeugend fortgeführt worden.)

„Religion ist Sinn und Geschmack für's Unendliche“, dieses Verständnis Friedrich Schleiermachers kann uns in der Krise des Christentums und in der Krise unseres ganzen Weltverhältnisses weiterhelfen. Es läuft auf eine „resonante Religion“ hinaus, die allenthalben Grenzen transzendiert, so wie Jesus es im Umgang mit seinen Mitmenschen getan hat, bis hin zu den „Feinden“. Das ist das „Reich Gottes“. In ihm werden die gegebenen Grenzen zwischen den Menschen, anderen Lebewesen und Dingen und womöglich verborgenen Wirklichkeitsschichten nicht ignoriert, aber sie werden gleichwohl geöffnet und überbrückt, so dass das Andere antwortet und mit mir resoniert. Es geht um die Überwindung des in der Neuzeit zugespitzten dualistischen Denkens, um die existentielle Ausrichtung auf das Ganze als das Eine.

Briefe (an einen Atheisten und sechs Theologen)

An Dieter Hattrup über sein Buch *Der Traum von der Weltformel oder Warum das Universum schweigt,* zur Religiosität Spinozas

Leist, den 28.3.2011

Sehr geehrter Herr Professor Hattrup,

[...]

Wie Sie habe ich mit einer gewissen Faszination verfolgt, wie die Naturwissenschaften sich im Laufe des 20. Jahrhunderts mehr und mehr „selber zurechtbringen“ – oder hat sie die Natur zurechtgebracht? – , insbesondere in puncto „Weltformel“. Den Hoffnungen auf diese habe ich von jeher misstraut, da mir nie eingeleuchtet hat, wie ein Teil jemals das Ganze erkennen können soll. Ich habe mich auch immer gefragt, wieso die Naturwissenschaftler nicht wenigstens einmal Folgerungen aus der so klaren und im Wesentlichen kaum zu bestreitenden Erkenntnistheorie Kants ziehen und stattdessen einem vergleichsweise schlichten Gemüt wie Auguste Comte gefolgt sind. – Auf diese und daraus folgende weitere Fragen geben Sie viele einleuchtende Antworten. Es tut gut, diese Zurechtrückungen nachzuvollziehen und einerseits den Wert der Naturwissenschaften respektiert, andererseits ihre maßlosen Ansprüche in die Schranken gewiesen zu sehen.

Auch Ihr Verständnis von Novum und Novität sowie des Zusammenspiels von Zufall und Notwendigkeit bzw. von Freiheit finde ich sehr anregend und selber befreiend, da es aus der zwanghaften Einseitigkeit mancher neuzeitlicher Konzepte herausführt, wie sie seit Descartes und Bacon das abendländische Denken geprägt haben. – Sie sehen wohl, dass ich eine ziemliche Neigung zu einer dialektischen Harmonie habe und ich mich – anders als Sie früher – kaum je unter dem Druck sah, mich für eine Seite, Natur oder Gott, entscheiden zu müssen.

Damit komme ich zu den Differenzen. Die theologischen Schlüsse, die Sie aus Ihrer Analyse ziehen, kann ich nur zum Teil nachvollziehen. Vielleicht sollte ich gleich bekennen, dass ich (nach Ihrer terminologischen Differenzierung) wohl als ein religiöser, aber nicht als ein gläubiger Mensch einzustufen bin.

Ich muss da gleich eine Lanze für den heiligen Spinoza brechen, dessen Bild vor mir auf dem Schreibtisch steht und mich mit seinem einzigartigen Tiefblick anschaut. Nun schlagen Sie mich nicht gleich auf die Seite der “Naturalisten“; da wäre es ja in der Tat angebracht, mit Einstein zu verzweifeln.

Mir scheint, Sie, Einstein und etliche andere Naturwissenschaftler haben eine einseitige Interpretation des „Deus sive natura". Wenn ich Spinoza (mit Goethe und den Idealisten um 1800) richtig verstanden habe, bedeutet diese Gleichsetzung doch nicht nur eine Naturalisierung Gottes, sondern auch, vielleicht sogar vor allem, eine Vergöttlichung der Natur. Insofern hat sich Spinoza zwar nicht um den Glauben verdient gemacht – dass er vorgab, im Wesentlichen mit der Bibel und Paulus übereinzustimmen, finde ich eher kurios –, wohl aber um die Religion. Sie und wohl auch Einstein verstehen unter Natur die materielle (und quasi-materielle) Wirklichkeit. Spinoza ging es aber offenkundig um die *ganze* Natur im Sinne der ganzen Wirklichkeit; und darunter verstand er etwas wesentlich Spirituelles, ein bisschen ähnlich den alten Taoisten, wenn sie (gegen die aktionistischen Konfuzianer) sagen: „Die Welt ist ein heiliges Ding, das man nicht behandeln darf." Nicht von ungefähr verwendet Spinoza in den grundlegenden Teilen seiner „Ethik" viel häufiger und offensichtlich lieber den Begriff „deus" als „natura", z.B. im 15. Lehrsatz: „Alles, was ist, ist in Gott, und nichts kann ohne Gott sein, noch begriffen werden." Ich glaube, der Spinozismus, den Sie der neuzeitlichen Wissenschaft insgesamt als Hintergrundideologie zuschreiben, ist in weiten Teilen nur ein vermeintlicher, z.T. ironischer, so wie Einstein vom „Alten" gesprochen hat. Sonst müssten die Naturwissenschaftler doch, wie Spinoza selbst, begeistert religiös sein, was eher die Ausnahme sein dürfte.

Aber vielleicht halten Sie Spinozas Religiosität für eine Chimäre, weil Sie sich echte Religion nur als Glauben an einen persönlichen Gott vorstellen können? Das dürfte man aber auch anders sehen können. Nehmen wir noch einmal die Taoisten und ihr Tao. Einerseits heißt es gleich zu Beginn von Lao tses *Tao te king*: „Der Name, der sich nennen lässt, ist nicht der ewige Name." Da sind wir schon beim „gesichtslosen Gott". Andererseits nennt Lao tse im 20. Spruch das Tao (das für ihn als Formulierung nur ein fast beliebiges Wort ist) seine „Mutter". Das klingt für mich nicht so sehr anders, als wenn Jesus von seinem „Vater im Himmel" spricht. Ich habe den Eindruck, in beiden Fällen handelt es sich um schöne, starke, menschliche Metaphern, nicht um substantielle religiöse Aussagen als solche.

Ich kann gut mit Metaphern leben und habe gar nichts gegen die Reden über Gott als Person, aber ich kann sie letztenendes nicht wörtlich nehmen. Sie fragen mich vielleicht, wie ich mit einem „unpersönlichen Gott" zufrieden sein kann, wie mir das existentiell genügen kann. – Ich frage umgekehrt: Wie kann Ihnen ein Gott genügen, der nicht mehr als persönlich ist? Ja „mehr"! – Wenn ich sinnvollerweise von Gott reden will, dann so, dass er nicht „untermenschlich" erscheint (wie der Gott der Naturreligionen und der Naturwissenschaftler), aber auch nicht nur „menschlich" (wie der Gott der meisten Griechen, Juden und Christen), sondern „übermenschlich“, und d.h. auch überpersönlich. Denn das Personale scheint mir – Augustinus hin oder her – etwas zutiefst Menschliches zu sein, auch wenn das Personale dreifach potenziert ist.

Anselm von Canterbury hat Gott als das verstanden, „über das hinaus nichts Größeres gedacht werden kann“. Das ist groß gedacht, aber nicht groß genug. In einer sinnvollen Rede von Gott, muss dieser als ein *überaus* Großer „gedacht“, besser geahnt oder noch besser erlebt werden – das könnte in Ihrem Sinne des „Ergriffenwerdens“ zu verstehen sein –, als Gott des Ganzen, jenseits aller menschlichen Vorstellungsmöglichkeiten (und nicht als aristotelischer Komparativ). „Denn so hoch wie der Himmel über der Erde ist, so hoch sind meine Gedanken über euren Gedanken. Spruch des Herrn.“

Der Grund, warum mir dieser hohe Gott nicht kalt und nichtssagend erscheint, liegt darin, dass sein Überpersönliches das Persönliche nicht aus-, sondern einschließt. D.h. das Persönliche ist in ihm, quasi im dreifachen Sinn Hegels, „aufgehoben“. Darum klingt die Rede Jesu vom „Vater“ ganz wunderbar in meinen Ohren; sie ist eine aufsteigende Rede von Gott, die deutlich über die Reden des Alten Testaments von Gott hinausgeht. Man hätte nur – um Gottes Willen – kein Dogma daraus machen sollen! (wie ich überhaupt die dogmatischen Festzurrungen vor allem des 4. Jahrhunderts für eine religiöse Katastrophe und einen „religiösen Materialismus“ halte; jedenfalls haben sie mehr dem Staat, weniger der Kirche und am wenigsten der Religiosität genutzt). – Der Sinn Ihrer in meinen Ohren allzu dogmatischen Rede von der „unsichtbar-unbegreiflichen Wirklichkeit des personalen Gottes“ ist mir dagegen schwer einsichtig; denn was könnte für uns Menschen begreiflicher sein als das Personale?! Unbegreiflich ist nur die Kombination des Unsichtbaren mit dem Personalen – und meines Erachtens auch unnötig.

Dass es nichts Höheres gebe als den Begriff der Person, leuchtet mir übrigens schon auf menschlicher Ebene nicht ein, wenn ich etwa an die transpersonale Psychologie oder – vielleicht vertrauenerweckender – an die Mystiker denke (wobei auch noch mal über Meister Eckarts „Gottheit“ jenseits von „Gott“ nachzudenken wäre). Selbst Nietzsches Rede vom Übermenschen, halte ich nicht für prinzipiell abwegig, auch wenn Sie ganz zu Recht den Glauben kritisieren, dass der Mensch den Übermenschen aus eigenen Kräften hervorbringen könnte. Mit unsrer Kraft ist in der Tat nichts getan; aber das Göttliche in uns und in aller Natur lässt uns immer weiter wachsen, sofern wir in Freiheit den göttlichen Impuls aufgreifen. Darum halte ich Ihre Sätze: Der Mensch „ist die Krone der Schöpfung, weil es für den Übermenschen nichts mehr zu tun gibt. Die letzte Erkenntnis haben wir schon gewonnen...“ für grundverkehrt. Der Mensch kann noch gewaltig höher steigen, vor allem in der Transzendierung des Ichs, und dann schaut er, wie Nietzsche durchaus zutreffend bemerkt, auf sein früheres Menschsein zurück wie auf einen „Affen"; es ist ihm „eine Schande und eine schmerzliche Scham". (Übrigens: Auch schöpfungsdogmatisch betrachtet dürfte man den Menschen wohl nicht als „Krone der Schöpfung" ansehen. Ständen die Cherubim und Seraphim da nicht höher? Oder sind die Engel keine Schöpfung Gottes?)

Gehen wir noch eine Stufe „tiefer" zur Natur. Selbst (der junge) Goethe schrieb in seiner Hymne *Das Göttliche*: „Denn unfühlend ist die Natur..." Der Satz hat mich mit 17 Jahren vor dem Hintergrund meiner Descartes-Lektüre ziemlich fertig gemacht. Gott sei Dank bin ich mit 22 aus diesem dualistischen Alptraum schlagartig und für immer aufgewacht (übrigens nicht durch andere Lektüre – Spinoza kam erst etwas später –, sondern durch ein ganz unwillkürliches, intuitives – ich will nicht sagen mystisches – Naturerlebnis; Sie können es gerne „Ergriffenwerden" nennen). Seitdem ist mir – komischerweise im Unterschied zu den sogenannten Naturalisten – ganz klar, dass die Natur keineswegs unfühlend ist, da sie nicht wirklich von uns isoliert ist, vielmehr letztlich alles eines ist. Dass die Natur nicht unfühlend ist, muss aber gar nicht so hoch angesetzt werden; im Grunde weiß es doch jeder Hundebesitzer oder aufmerksame Spaziergänger (wenn er nicht einer cartesianischen Idiotie verfallen ist).

Wie kommt das Fühlende in die Natur? Sie werden mir sicher zustimmen, dass es etwas mit Ihrem „Spiel zwischen Notwendigkeit und Zufall" zu tun hat. Daraus entsteht, wie Sie so einleuchtend ausgeführt haben, Freiheit. Es gibt diese Freiheit aber nicht nur bei Gott und beim Menschen, sondern auf niedrigerem Niveau in der ganzen Natur. Sie äußert sich hier in allem *Individuellen*. Und hier scheint mir wichtig zu sein, Ihre Kontradiktion von Personalem (Gott, Mensch) und Sachlichem (Natur), die mich etwas unangenehm an Descartes erinnert, aufzuweichen, übrigens auch die zwischen Natur und Geschichte. Das Personale, wie es beim Menschen erscheint, ist nur eine Sonderform des Individuellen (das zur Reflexion gekommen ist). Auch das Individuelle in der Natur ist nicht wissenschaftlich zu begreifen und wird darum geflissentlich ignoriert. Dabei ist es meines Erachtens gar nicht zu übersehen, schon wenn man sich ein Kristall anguckt, geschweige denn etwas Lebendiges. Dass die Physiker oft erst beim Urknall von Singularität sprechen, liegt wohl daran, dass diese hier beim besten Willen nicht mehr zu ignorieren ist; sie findet sich aber überall. (Interessant finde ich übrigens, dass man früher in China ausgerechnet das Studium der individuellen, von der Norm *abweichenden* Naturphänomene für Wissenschaft hielt. In der

Sung-Dynastie vor 1000 Jahren soll es darüber Beschreibungen in Lexika von bis zu 11000 Bänden gegeben haben.)

All dies Individuelle oder Singuläre ist zwar nicht wissenschaftlich begreifbar, aber es ist ganz leicht „erfahrbar". Darum verstehe ich nicht, wieso Sie und andere Naturwissenschaftler Empirie und Wiederholbarkeit quasi gleichsetzen (S. 146). Mir erscheint beides unter dem Blickwinkel der individuellen Natur eher gegensätzlich und nur unter dem Blickwinkel der allgemeinen, gesetzlichen Natur zusammenzugehören. Ich will mit all dem sagen, dass die Gräben zwischen Gott und Natur – ich würde lieber von Geist und Materie sprechen – mir wesentlich weniger tief und grundsätzlich vorkommen als Ihnen. Ja, ich könnte geradezu sagen: Alles Individuelle hat ein Moment von Unendlichkeit, womöglich mehr als die selbstgenügsamen Naturgesetze, wo man sie versehentlich gesucht hat. (Und da wären wir bald wieder bei Spinozas Gott-Natur.)

Darum meine ich übrigens auch (im Unterschied zu Ihnen, S. 68), dass viele Theologen – nicht nur Bellarmin, auch Paulus oder Thomas von Aquin – gar nicht unrecht hatten, als sie glaubten, man könne Gott auch aus der Natur erkennen, sogar die Heiden; es geht nur nicht, wie Sie überzeugend dargelegt haben, mit Mitteln der wissenschaftlichen Objektivierung.

Und die Erlösung? Das war ja wohl der Punkt, weshalb Augustinus sich vom Neuplatonismus zum Christentum wandte. Ich muss gestehen, ich kann mit diesem und ähnlichen Begriffen, wie „Rechtfertigung", nicht viel anfangen. Ich hätte an Augustinus Stelle im Neuplatonismus nichts vermisst. – Sie schließen (S. 225) die Darstellung des pantheistischen „„zweiten Wegs der Erlösung" mit der ironisch-rhetorischen Frage ab: „Ist das nicht auch eine schöne Art der Erlösung für das Ich?" Ich kann darauf ganz ohne Ironie antworten: Ja, das ist es – sofern das Ich überhaupt einer „Erlösung" bedarf; vielleicht bedarf es nur der Integration. Und auch in Goethes wunderbarem Gedicht *Eins und Alles* empfinde ich im Vers „Im Grenzenlosen sich zu finden / Wird gern der Einzelne verschwinden" eigentlich nicht, wie Sie, einen Umschlag, sondern eine wahre Paradoxie, die sich in sich aufhebt (wie Cusanus sie mochte). Dieses „Sich-finden" ist doch nicht nichts, vielmehr das Beste, was man haben kann: „Da löst sich aller Überdruß."

Noch zu Goethe: Er hat seine polyperspektivische Religionsauffassung sicher nicht als Steigerung vom Pantheismus über den Polytheismus zum Monotheismus betrachten wollen. Meines Wissens hat Goethe zu keiner Zeit seinen frühen Pantheismus nach Spinozas Art widerrufen, er hat ihn nur weiter zum Panentheismus entwickelt. – Und der Vers „Allah braucht nicht mehr zu schaffen, / Wir erschaffen seine Welt", der Ihnen als „Platzwechsel von Schöpfer und Geschöpf" schwer im Magen liegt, ist wohl weniger „keck"

– wollten Sie nicht eigentlich blasphemisch sagen? – als im Sinne von Spinozas Gott-Natur fromm. Wir (und alle Natur) sind nicht nur geschaffene Werkzeuge Gottes, sondern wir sind seine Hände selbst, und es kommt auf uns an, die Liebe Gottes zu entfalten, so wie Jesus (mit etlichen anderen inspirierten Menschen) es uns vorgelebt hat oder so gut wir eben können.

Ich habe Ihre Aufmerksamkeit mit meinen Meinungen über Gebühr in Anspruch genommen, aber ich finde, dass man an solchen Diskussionen immer irgendwie weiterwachsen kann, jeder nach seiner Art. Darum möchte ich Ihnen zum Schluss ganz herzlich für Ihr Buch danken; es wird mir ein Gewinn bleiben!

In gewisser Weise sind wir doch beide Sesquiisten. Sie neigen nur mehr zur 2 und ich mehr zur 1. – Wenn ich freilich bedenke, dass auch das Anderthalbfache schon eine Vielheit ist, muss ich gestehen, dass ich mich (wie Spinoza, Lao tse, die Neuplatoniker und auch Goethe) *letztenendes* immer für das Eine statt für die Dualität entscheiden würde – da ist wohl nichts zu machen –, aber ein materialistischer Monismus ist das nicht.

[...]

An Dieter Hattrup nochmals zu Spinoza und zu Rilke

Leist, den 6.4.2011

Sehr geehrter Herr Professor Hattrup,

[...]

Was mich an Spinoza von jeher überzeugt hat, ist sein Geistiges und Materielles vereinigender Monismus. (Das ist für mich auch das „Heilige“ an ihm, gerade keine „Automatenheiligkeit“, sondern tiefe, tiefe Frömmigkeit.) Und da muss ich noch mal unterstreichen, dass Spinoza – im Unterschied zu Einstein, den Naturwissenschaftlern und Ihnen – unter Natur eben nicht bloß die äußere, materielle Natur versteht, sondern die Gott-Natur. Was Sie Spinozas Scheitern nennen, dürfte wohl eher das Scheitern Brunos und seines unendlichen Kosmos sein. Spinozas Unendlichkeit des Einen ist keineswegs erledigt, sollte vielmehr aus neuer Perspektive noch einmal wahrgenommen werden (womöglich auch „mathematisch“; denn wenn das Eine keinem Zweiten und Vielen *gegenübersteht*, muss es dann nicht als unendlich gedacht werden?!)

Wenn Sie schreiben, im 20. Jahrhundert sei „alles endlich geworden“, zeugt das für mich vom Missverständnis der „Natur“ (so wie die Naturwissenschaftler die Natur einseitig missverstehen). Es ist mir schwer begreiflich, wie Sie sich so ausdrücken können, da Sie doch auf die Wirklichkeit der Freiheit hingearbeitet haben. Und gehört die Freiheit Gottes oder unsere menschliche Freiheit oder der Zufall etwa nicht zum „alles“?! Wie können Sie da sagen: „Unser Dasein ist endlich und nicht ein Teil des Unendlichen; denn das Unendliche gibt es gar nicht.“?! Das werde ich Ihnen nie und nimmer glauben, – vielmehr das gerade Gegenteil! Und ich finde wirklich, es müsste auch aus Ihren eigenen Erkenntnissen resultieren. Ich stimme Ihrem Satz „Die Unendlichkeit ist gerade die Nicht-Begreifbarkeit der letzten Wirklichkeit“ voll zu, verstehe aber nicht, wieso Sie von unserem dürftigen Wissen auf Sein oder Nicht-sein des Ganzen schließen. Daraus, dass wir etwas nicht begreifen können, folgt doch überhaupt nicht, dass es nicht existiert!

Die Wirklichkeit des Unendlichen übersteigt unsere Begriffe. Gerade darum liegt es mir einigermaßen fern, sie letztlich personal zu interpretieren. Aber diese Dinge entziehen sich tatsächlich der gedanklichen Argumentation; darin sind wir uns vielleicht einig. Fundamentaler und wichtiger finde ich die Frage, ob das Unendliche überhaupt wirklich ist. Und da muss ich bekennen, dass ich es mir gar nicht anders vorstellen kann. Die äußere Natur und erst recht die darauf gerichtete Wissenschaft mag gerne ihre Grenzen haben; aber ihre Endlichkeit ist nur die Kehrseite oder vielleicht besser: ein Aspekt des Unendlichen, das ewig fort*wirkt* und so (flüssige und geronnene) „Wirklichkeit" schafft. Wie denn sonst? – Ich bleibe also bei Spinozas einer, unendlicher Substanz – und fühle mich ganz wohl darin.

Genug des angestrengten Redens! – Ich will Ihnen zum Schluss lieber eines meiner absoluten Lieblingsgedichte aufschreiben. Es ist von Rilke, der doch so etwas wie eine menschliche Antenne der einen, unendlichen Wirklichkeit war, auch wenn partiellistische Ignoranten wie Adorno ihn des „Jargons der Eigentlichkeit" geziehen haben. Rilke hat es nicht von ungefähr „An Hölderlin" überschrieben. Vielleicht können auch Sie ihm etwas abgewinnen, obschon es nicht recht „vernünftig" ist.

Es winkt zu Fühlung fast aus allen Dingen,
Aus jeder Wendung weht es her: Gedenk!
Ein Tag, an dem wir fremd vorübergingen,
Entschließt im künftigen sich zum Geschenk.

Wer rechnet unseren Ertrag! Wer trennt
Uns von den alten, den vergangnen Jahren?
Was haben wir seit Anbeginn erfahren,
Als daß sich eins im anderen erkennt?

Als daß an uns Gleichgültiges erwarmt?
O Haus, o Wiesenhang, o Abendlicht,
Auf einmal bringst du's beynah zum Gesicht
Und stehst an uns, umarmend und umarmt.

Durch alle Wesen reicht der eine Raum:
Weltinnenraum. Die Vögel fliegen still
Durch uns hindurch. O, der ich wachsen will,
Ich seh hinaus, und in mir wächst der Baum.

Ich sorge mich, und in mir steht das Haus.
Ich hüte mich, und in mir ist die Hut.
Geliebter, der ich wurde: an mir ruht
Der schönen Schöpfung Bild und weint sich aus.

An Hans Küng über sein Buch *Der Anfang aller Dinge*, zu religiösen Metaphern

Leist, den 31.7.2011

Sehr geehrter Herr Professor Küng,

Kürzlich habe ich Ihr Buch vom *Anfang aller Dinge* gelesen. Ich bin zwar weder Theologe noch Philosoph, sondern nur Musikwissenschaftler, möchte Ihnen aber als Laie aufrichtig danken für Ihre mutigen und ermutigenden Perspektiven, die Sie in Ihrem Buch darstellen, auch persönlich. Vor Jahrzehnten habe ich die Lust an theologischer Literatur ziemlich verloren, da ich von den meisten Theologen den Eindruck gewann, sie interpretieren, bei aller Kritik, am Ende immer alles zurecht. Dorothee Sölle war da mit ihrer Weigerung, alles was in der Bibel steht, grundsätzlich zu unterschreiben, eine angenehme Ausnahme für mich. Besonders beeindruckt hat mich Ihr Nicht-wörtlich-nehmen der Auferstehungs-„Legende", die doch fast alle Theologen seit Paulus für einen unverzichtbaren Punkt des Christentums halten.

Ich bin vor 25 Jahren aus der Kirche ausgetreten, nicht aufgrund großer Aversionen, sondern weil ich diese Institution für mich gewissermaßen als überflüssig empfinde und weil mir die Kirche im wörtlichen Sinne nicht „katholisch" genug war, d.h. zu eng (eigentlich schon seit dem 4. Jahrhundert, spätestens seit dem 16.). Damit meine ich einen gewissen „geistigen Materialismus", der sich an Worte und Dogmen klammert, anstatt gründlich über den metaphorischen Charakter der Glaubenssätze und –geschichten nachzusinnen. Bei Ihnen finde ich dieses Nachsinnen über religiöse Metaphern bis hin zum Begriff Gottes. Wichtig ist mir dabei, dass man in der Metapher über die bloße Allegorie (als bildliche Verschlüsselung eines feststehenden Begriffs) hinausgeht. Die Romantiker, wie Novalis, Runge oder Schleiermacher, haben das in besonderer Weise verstanden und gewagt, nämlich die feste Referenzebene aufzugeben, gerade wenn man sich wie in der Religion auf das Unendliche einlässt. Eigentlich taugt Religion – oder sollte ich besser Religiosität sagen? – doch nicht so sehr zum Festhalten und Abschließen als vielmehr zum Loslassen und Öffnen, auch wenn die allermeisten Gläubigen das offenbar anders sehen.

Die romantische Weltsicht geht mit der Aufhebung der Referenzebenen ja sogar so weit, die Subjekte nicht mehr als feststehende Beobachter zu verstehen, sondern als selber „verschlungen in das Weltgedicht". Ich halte das nicht für eine weltfremde Spinnerei, sondern für hellsichtig realistisch. (Es erinnert mich übrigens auch ein bisschen an das Beobachterproblem in der

Quantenphysik.) Mir scheint, Sie deuten eine ähnliche Richtung an, wenn für Sie Gott sich nicht im Begriff der „Person“ erschöpft (und wohl schon gar nicht in der Konstruktion von drei Personen). Wie Sie den Begriff der Person Gottes (in Hegels Sinn) „aufheben“, scheint mir durchaus mit Jesu Rede vom „Vater“, wie ich ihn verstehe, vereinbar zu sein. Mir fällt da auch Lao tses 20. Spruch aus dem *Tao te king* ein, wo es nach einer erschütternden Klage über das Uneingebunden-sein heißt: „Aber ich habe Nahrung gesucht bei der Mutter.“ Vom Tao als Person zu reden, ist gewiss nicht wörtlich gemeint, aber es ist auch hier eine schöne menschlich wahre Rede.

Freilich muss ich gestehen – wenn ich das sagen darf –, dass Sie für mich mit Ihrer Metaphorologie nicht weit genug gehen, da Ihnen der Schöpfer-Schöpfung-Dualismus doch unverzichtbar zu sein scheint. Warum genau, das habe ich nicht so ganz verstanden – vielleicht weil ich auch nie ganz verstanden habe, wieso für Augustinus das christliche Weltbild überzeugender war als das neuplatonische oder weil ich nicht verstehe, warum die 2 höher zu ehren sein soll als die 1, will sagen: das Eine.

Darum kommt mir auch die konditionale Formulierung „Wenn Gott existiert...“ irgendwie unpassend vor. Sofern man sinnvoll von Gott reden will, kann man ihn doch gar nicht in Frage stellen, weil er größer, ganzer sein muss als alles, was wir denken können. Die Frage ist vielmehr, was *wir* mit diesem Begriff meinen und anfangen oder auch nicht anfangen.

Und hier muss ich am Schluss noch eine Lanze für Spinoza brechen. Mir scheint, es hat noch keinen Theologen gegeben – Schleiermacher vielleicht ausgenommen –, der diesem Mann gerecht geworden ist. Für die Freidenker ist er freilich ein Prophet. Was er aber gerade in religiöser Hinsicht für unschätzbare Verdienste hat, welche tiefe Frömmigkeit ihn auszeichnet – ein treffenderer Begriff fällt mir nicht ein – und mit welchem atemberaubenden Mut er sich in die gesellschaftliche Einsamkeit begeben und Jahrzehnte (wenn nicht Jahrhunderte) langen Hass auf sich gezogen hat, aus einer bewundernswerten Aufrichtigkeit, das verdient höchsten Respekt. Ich will damit nicht sagen, dass Sie respektlos von Spinoza reden, auch verstehe ich Sie so, dass Sie ihn nicht in der üblichen naturwissenschaftlich-pantheistischen Perspektive interpretieren, wonach der Gottesbegriff aus dem Naturbegriff entworfen wird anstatt umgekehrt, aber wirklich ernst nehmen Sie ihn nicht (und das nicht bloß wegen seiner kurios cartesianischen „geometrischen Methode“). Es gibt doch nicht nur einen materialistischen Begriff von Monismus, auch einen spirituellen, möglicherweise religiösen oder allgemeinen. (Fast hätte ich „katholischen“ geschrieben.) Aber das ist ein zu weites Feld, und ich möchte Ihre Aufmerksamkeit nicht weiter in Anspruch nehmen.

[...]

An Klaus-Peter Jörns über sein Buch *Notwendige Abschiede* und zur Musik als religiöse Sprache

Leist, den 27.2.2016

Sehr geehrter Herr Jörns,

in den Weihnachtstagen habe ich bei einer Freundin erstmals von Ihren Büchern gehört und habe in den letzten Wochen zwei gelesen: "Mehr Leben, bitte!" und "Notwendige Abschiede". Ich bin kein Theologe und ich weiß um die Unmaßgeblichkeit meiner Meinung; trotzdem drängt es mich, meiner Begeisterung Ausdruck zu geben und mich für Ihre wertvolle Arbeit zu bedanken!

In vielem sprechen Sie mir aus der Seele und tun noch viel Gutes hinzu. [...]

Ihre Schriften atmen eine wohltuende Weite und haben den wunderbaren Mut, mit Verkehrtheiten aufzuräumen, nicht nur mit der höchst fragwürdigen Sühneopfertheologie, sondern noch fundamentaler. – Ich erinnere mich, als Student in Münster öfter mit evangelischen Theologiestudenten diskutiert zu haben, vor allem über (den von mir immer noch sehr geschätzten) Erasmus von Rotterdam und Luther, und wie sie sagten: "Ja, ja, ihr Katholiken habt die theologia crucis nie ganz ernst genommen." Ich weiß nicht, ob sie das allgemein fanden oder vielleicht an Petrus Abaelard oder Karl Rahner dachten.

Was mich an Ihren Arbeiten, über die Kritik spezieller dogmatischer Punkte hinaus, beeindruckt, ist vor allem Ihr tiefes Verständnis für die vielfältigen Bedingtheiten aller theologischen Perspektiven und gleichzeitig der große Respekt davor. Dadurch vermeiden Sie eine simple Polemik und wissen auch an ziemlich kruden Vorstellungen oft noch positive Aspekte zu bemerken, ohne das Ganze gutzuheißen. Ich finde, das macht Ihren Ansatz sehr glaubwürdig –, auch wenn ich Ihnen nicht ganz in allen Punkten folgen mag. So habe ich z.B. durch Ihr Buch das Johannesevangelium in mancher Hinsicht zwar wieder mehr schätzen gelernt; trotzdem halte ich die johanneische Theologie in wesentlichen Punkten nach wie vor für ein Unglück, weil sie den Weg zu Gott nachdrücklich auf Christus verengt. Ich glaube, dass Nachfolge etwas anderes bedeuten sollte, nämlich Jesus als Vorbild zu nehmen (in moralischer und religiöser Hinsicht), als Heiligen (der von Gott inspiriert ist), nicht als Gott. Nur in einem gewissen mystischen Verständnis, das ich freilich letztlich für maßgeblich halte, mag sich dieser Unterschied aufheben, aber dann eben allgemein. Das sogenannte Thomas-Evangelium scheint mir die jesuanischen Intentionen besser erfasst zu haben als Johannes, jedenfalls kann ich mehr damit anfangen.

Was zur anderen Seite die Wirkung ihrer Schriften auf die Amtskirchen betrifft, bin ich ehrlich gesagt wenig optimistisch. Es müsste derartig viel von Grund auf geändert oder jedenfalls "ausgeklammert" werden, dass sehr viele sich in dieser "neuen Religion" (die ich eher als richtiggestellte verstehe) nicht wiedererkennen können oder wollen. Vielleicht haben Amtskirchen auch per se etwas Verkrustetes. – "Mehr Leben, bitte!"

Lassen Sie mich noch (als Musikwissenschaftler) auf einen ergänzenden Gedanken eingehen: Sie beklagen (S. 232) im Reden von Gott eine "Überverbalisierung" und verweisen dabei auf die Alternative einer "Sprache der Bilder", wie sie in Ägypten vorherrschte. Auf die Musik als Sprache gehen Sie nicht ein. Ich denke da nicht primär an die musikalische Rhetorik, wie sie im Barock analog zur Wortsprache entwickelt wurde, sondern eher an frühe magische Musikrituale oder auch an die romantische Musikauffassung als "Sprache des Unaussprechlichen" oder "Absoluten". Z.B. hat E.T.A. Hoffmann (neben Tieck, Schopenhauer und etlichen anderen) nicht nur die klassische Instrumentalmusik so verstanden, sondern auch die Vokalmusik Palestrinas. Das war geradezu einer der Gründe für die katholisierenden Neigungen vieler protestantischer Romantiker: religiöses Erleben durch Musik. (Die evangelische Kirchenmusik, etwa Bach, galt damals vielen als zu rational oder zu "gearbeitet".) Man hat in der Folgezeit die romantische "Musikreligion" despektierlich gefunden. Aber ich meine, dass man es sich damit zu einfach macht. Auch heute noch ist für die meisten Menschen ein Konzertbesuch emotional bewegender als ein Theater- oder Museumsbesuch (– wenn er auch nicht immer so tief geht wie bei Konfuzius. Als der die große Shao-Musik hörte, "vergaß er drei Monate lang den Geschmack von Fleisch; darauf sprach er: 'Ich hätte nicht für möglich gehalten, dass die Musik eine solche Höhe erreichen kann.'") Unter Umständen mag die Sprache der Musik (die Felix Mendelssohn für zu differenziert hielt, als dass man sie in Worte übersetzen könnte) tatsächlich etwas Transzendierendes haben und darin dem religiösen Erleben verwandt sein.

[...]

An Eugen Drewermann über sein Buch *Jesus von Nazareth – Befreiung zum Frieden* und andere, zur Ambivalenz der Natur und zur Seele

Leist, den 20.3.2018

Verehrter, lieber Herr Drewermann,

[...]

Ich habe in Ihren Schriften hunderte Seiten gelesen, bevor ich auf etwas stieß, was ich doch nennenswert anders sehe als Sie. Lassen Sie mich nur den Hauptpunkt herausgreifen. Es geht um die alte Frage von Monismus versus Dualismus. Ich kann und will nicht dem widersprechen, was Sie über das namenlose Elend in der Natur und in der gewöhnlichen menschlichen Gesellschaft sowie über die jesuanische Alternative der Liebe bemerken, aber ich meine doch, dass Sie die Natur zu einseitig sehen. Für mich ist sie zumindest ambivalent. – Vor fast fünfzig Jahren machte ich mit einem Freund einen Nachtspaziergang durch die Felder. Wir schauten in die Sterne, und ich sprach von der Ordnung, die den Kosmos erhält. Mein Freund begehrte heftig dagegen auf und rief: „Das mag ja sein, dass es da oben irgendwelche Ordnungen gibt, aber was interessiert mich das?! Was hilft mir das in meinem menschlichen Elend?!" Ich schaute ihn verwundert an und sagte: „Mir hilft das sehr." Inzwischen sehe ich das wohl differenzierter, aber nicht grundsätzlich anders. Mich hat auch die in den Naturwissenschaften entwickelte Ansicht, dass so etwas wie „Geist" lediglich ein evolutionär spätes Produkt des menschlichen Gehirns sei, und womöglich nur ein „Epiphänomen", nicht überzeugen können, sind doch die Ausdrucksformen des Geistigen überall in der Natur "mit Händen zu greifen" (angefangen von der Frühlingsprimel, die hier neben mir auf dem Schreibpult steht). Und schließlich sind wir doch selbst Natur, auch Jesus, und wachsen aus dem Zusammenhang des Ganzen. Worin ich Ihnen aber zustimme, ist, dass es menschlich nicht genügt, beim Bisherigen stehen zu bleiben. Eigentlich könnte man über alles den (wohl anders gemeinten) Wahlspruch Kaiser Karls V. schreiben: „Plus ultra"; denn ohne dieses Darüberhinaus erstarrt alles und geht zugrunde. So gesehen verstehe ich auch Ihre Kirchen- und Gesellschaftskritik vor allem als Kritik an der (menschenfeindlichen) Erstarrung, die ihren Grund in Kleinmut und Angst hat. (Ich denke da oft und gern an die schöne Legende, in der mein lieber Namenspatron auf dem galiläischen Meer Jesus entgegenging – vielleicht gerade jetzt, da ich auf die schon wieder vereiste Ostsee schaue.)

Kurz gesagt: Ich kann und will Gott und Natur nicht gegeneinander ausspielen. Das ist für mich auch eine Frage der Frömmigkeit. – Über dem Saal des Greifswalder Lutherhofes steht in großen Lettern das Wort aus dem Johannesbrief: „Unser Glaube ist der Sieg, der die Welt überwunden hat." Jedes Mal, wenn ich den Raum betreten habe, erfasste mich ein tiefes Unbehagen, ja ein Widerwille: Ich will gar nicht siegen und will auch nicht „die Welt überwinden", nur das allzu Enge *in* ihr und vor allem in mir selber. Genügt das nicht?

Noch ein Nebenaspekt: Ich mag den Naturwissenschaftlern, den evangelischen Theologen und Ihnen nicht gerne zustimmen, wenn sie die Seele für nicht existent oder ihre Vorstellung für überflüssig erklären, freilich nicht weil ich die Seele als dualistischen Gegenbegriff zum Körper sehe, vielmehr als Vermittlerin zwischen dem individuierten Vielen und dem Einen. Dabei muss ich die Seele gar nicht als „Substanz" festschreiben. (Schon Sokrates legt sich im *Phaidon*, meinem Verständnis nach, nicht so ganz fest, was denn unter der Seele zu begreifen sei.) Vielmehr kann ich Ihnen zustimmen, wenn Sie sagen, es gebe gar keine Substanzen, nur Prozesse. So betrachtet sind auch das Ich, der Körper, die Welt und Gott letztlich keine Substanzen, sondern nur vorläufige Begriffe, in denen wir uns an ein besseres Verstehen des Ganzen mühsam annähern. Ob die Vorstellung von der Seele solch eine Annäherung oder aber eine Entfernung ist, kann man unterschiedlich sehen. Für mich ist sie in der Auffassung Plotins eher ersteres. Denn diese Auffassung spricht davon, wie mein kleines Individuum im Einen wurzelt. Ohne diese Mystik wüsste ich auch nicht, woher denn die Liebe ihren Grund fände. Auch das wunderbare Gottvertrauen Jesu gründet doch darin. Oder sehen Sie das anders?

[...]

Mit 20 las ich Spenglers *Untergang des Abendlandes*, ein Buch, das mich wegen seines Relativismus und Fatalismus damals in eine tiefe Krise gestürzt hat. Heute finde ich den globalen Schlamassel zwar nicht weniger erschütternd, aber er raubt mir nicht meine positive Grundeinstellung, selbst wenn wir tatsächlich dem Untergang entgegengehen (und nicht nur das „Abendland"). Denn dass in dieser Welt für uns Menschen überhaupt in einer gegebenen Situation das Richtige, Wahre erkennbar und wenigstens punktuell realisierbar ist, ist doch von so wunderbarem Wert, dass es sich immer zu leben lohnt. Es hat als „Reich Gottes" jeden Augenblick seinen Wert in sich und nicht erst in einem finalen Paradies, wie Sie selber ausführen. Ja, es strahlt ein Glück daraus hervor, das ich gerade auch in Ihrem Leben und Wirken erkenne.

[...]

An U. G. zu Hubertus Halbfas' *Glaubensverlust – Warum sich das Christentum neu erfinden muss*

Leist, den 9.1.2018

Lieber U.,

das Büchlein von Halbfas über den Glaubensverlust, das Du mir ausgeliehen hast, habe ich mit großem Gewinn gelesen. Für mich war es eine Bestätigung meines über Jahrzehnte angewachsenen Eindrucks, dass sich das Christentum (und nicht nur die Kirchenleitungen) erstaunlich wenig mit der eigentlichen Botschaft Jesu auseinandergesetzt hat. [...]

Bemerkenswert an Halbfas' Buch finde ich auch die Beobachtung: „Das Evangelium Jesu bietet für [...] Lehrstreitigkeiten keinen Ansatz. Es ist im eigentlichen Sinne keine Lehre, sondern ein Lebensmodus, der nicht argumentativ bewiesen werden muss, weil er seine Überzeugung aus sich selber besitzt.“ (S. 23) – Ich finde es bedauerlich, dass Dich das kalt gelassen hat.

Schon als ich Dich noch gar nicht kannte, hat S. mir erzählt, dass Du, obwohl Du selber Dich für einfach hieltest, ein ziemlich komplexer (oder widersprüchlicher?) Mensch seist: Einerseits bekennst Du Dich zu einem durchgreifenden Rationalismus, andererseits hast Du eine starke Neigung, Dich mit religiösen Themen, Gebäuden, Bräuchen etc. zu befassen. Nun, ich glaube, so widersprüchlich ist das nicht. Jede Einseitigkeit braucht gewisse Kompensationen, damit sie nicht kippt. Dazu kann – wie bei Dir – außer der Religion auch z.B. die Musik dienen. Die ist sogar noch angenehmer, da es dort kaum eine Dogmatik gibt, an der man sich aufreiben könnte. Die Frage ist aber, was einen letztenendes trägt (und was bloße Kompensation ist).

Da habe ich immer mehr den Eindruck, dass es eigentlich nur zwei fundamental unterschiedliche Einstellungen zum Leben, ja zur Wirklichkeit überhaupt gibt: die nüchterne und die emphatische. Für erstere ist das Leben, zugespitzt gesagt, im Grunde banal, für letztere eine Ungeheuerlichkeit. Ein extremer Typ in dieser Hinsicht war Rilke, der noch auf dem Sterbebett gesagt hat: “Vergessen Sie nie: Das Leben ist eine Herrlichkeit!“ (Das war freilich einseitig formuliert.) Nicht von ungefähr hat gerade dieser Dichter so viele vehemente Freunde und Feinde. (Ich gehöre natürlich zu Ersteren.) Für solche Menschen ist das Leben deshalb eine Ungeheuerlichkeit (unter Umständen auch eine Herrlichkeit), weil es nirgendwo endgültig interpretiert ist. Für sie ist im Grunde gar nichts klar; vielmehr haben sie das Gefühl, dass die Wirklichkeit sie in alle Richtungen übersteigt. (Und sie halten die, die das anders sehen, im Grunde für naiv; dasselbe gilt natürlich mindestens genauso umgekehrt!) Daher könnte man sie auch als grundsätzlich religiös bezeichnen.

Du bist offenbar von Grund auf anders „gestrickt". Deine lebenslange Begeisterung fürs Messen zeichnet Dich nach eigenem Bekenntnis aus. Kant würde sagen, Du seist ein Muster der „bestimmenden Urteilskraft", der es darum geht, das Konkrete unter ein Allgemeines zu subsummieren (und es nicht ständig weiter ins Offene zu interpretieren, wie die „reflektierende Urteilskraft"). Das ist die Stärke der nüchternen Wissenschaft im eigentlichen Sinne. Sie hat den Willen, die Dinge in den Griff zu bekommen und glaubt auch daran (wie schon der Stammvater Francis Bacon). Von daher glaubst Du an die unbedingte Gültigkeit der Rationalität. (Menschen wie ich wissen sie auch zu schätzen, aber sie halten sie für relativ.)

Religion muss Dir darum von Grund auf fremd sein. Ich hatte auch immer den Eindruck, dass Du Dich gar nicht mit dem „Wesen" von Religion befasst, sondern immer nur mit tradierten „Erscheinungsformen". Diese aber sind hoch problematisch, sofern Halbfas Recht hat und Religion – wohl nicht nur bei Jesus, aber da besonders hervortretend – vor allem ein Lebensmodus ist und nicht ein Lehrgebäude. Solche Gebäude sind eine Hypothek für das lebendige Wesen der Religion. Sich daran zu klammern, ist eigentlich irreligiös. (Jesus z.B. hat sich gerade nicht an einzelne mosaische Bestimmungen geklammert.)

Kennst Du Schleiermachers Buch *Über die Religion – An die Gebildeten unter ihren Verächtern*? Es hat um 1800 Furore gemacht und auch bei mir, als ich es vor Jahrzehnten las. Schleiermacher vertritt darin die Ansicht, dass weder Metaphysik (resp. Dogmatik), noch Moral das Wesen der Religion ausmachen, also keine Systeme (die eher in den Bereich der Philosophie gehören), vielmehr „Sinn und Geschmack für's Unendliche". Das konnte den Kirchenleuten nicht schmecken, aber einem Wissenschaftler wie Dir natürlich auch nicht. Gemeint ist mit dem Unendlichen nicht eine kosmologische Ferne; vielmehr das Grenzenlose, Transzendierende in allen Dingen und Menschen. Die Romantiker nannten es „Universalpoesie", womit also nicht eine nette Ästhetisierung gemeint ist, sondern eine unendliche Verbundenheit.

Kommen wir noch mal auf Jesus zurück. Es war eine große Irreführung, ihn zum Gott zu machen und ihn so zu interpretieren, als habe er sich selbst (im exklusiven Sinn) dafür gehalten, wie das Johannes-Evangelium nahelegt. Jesus war ein Mensch, sogar mit einigen Fragwürdigkeiten (z.B. ausgerechnet im Umgang mit seiner Mutter). Damit ist die Sache, um die es ihm ging, aber noch lange nicht erledigt. In den letzten Jahrzehnten erfreuen sich ja der Buddhismus und andere indische Spielarten der Religion großer Beliebtheit. Dagegen will ich gar nichts sagen. Aber wäre es nicht mindestens genauso fruchtbar für unsere Gesellschaft, vielleicht noch viel notwendiger, wenn wir uns nach 2000 vielfach vertanen Jahren endlich ernsthafter auf den jesuanischen Lebensmodus besännen – wie viele Ausnahmechristen, die die Botschaft von jeher verstanden hatten –, auf sein revolutionäres Potential, mit dem verglichen fast alle anderen Religionen geradezu resignativ sind? Es ist eine Schande, wie die allermeisten Christen das Christentum derzeit vor die Hunde gehen lassen, wie saft- und kraftlos die ganze Sache seit Langem gehandhabt wird. Dabei hätte die Botschaft Jesu wahrhaftig das Zeug, die Welt zu verändern. Aber das scheinen schon die Jünger nicht kapiert zu haben. Was will man da von den nachgeborenen Schafen erwarten?

Das scheint aus der Perspektive religiöser Begeisterung gesagt zu sein – und damit für Dich irrelevant. Aber wie schon Dorothee Sölle klargestellt hat, bedarf es des theologischen Vokabulars und des ganzen Brimbamboriums gar nicht. Schon Jesus selbst hat das gesagt: „Nicht wer zu mir ‚Herr, Herr!‘ sagt, wird in das Himmelreich eingehen, sondern wer den Willen meines Vaters *tut*.“ und „An ihren Früchten werdet ihr sie erkennen.“

Entscheidend ist die Tat der Verbundenheit, d.h. die Liebe und nicht der Glaube (an sich), auf dem die Theologen so lange fruchtlos herumgeritten sind und sich und anderen das Leben schwer gemacht haben. (Luther ist da ein besonders krasses Beispiel.) Die Religiösen können sagen: In der Liebe ist Gott anwesend. Es schadet aber auch nicht, wenn man es nicht sagt. Und hier können die Religiösen den Nüchternen die Hand reichen, wenn sie sagen: Nüchtern betrachtet zeigt uns die gegenwärtige Weltlage einen verheerenden Zustand, der im Wesentlichen auf einen eklatanten Mangel an Verbundenheit zwischen Mensch und Natur zurückzuführen ist; da müssen wir was Entscheidendes ändern!

[...]

An B.-D. K. zur Verteidigung des Platonismus, auch im Verhältnis zum Christentum

[Leist, 2017]

Lieber Herr K.,

Vielen Dank für Ihre anregende Zusammenfassung und Weiterentwicklung unseres Treffens über Plotin. Ihr Brief fordert mich noch mal zu einer Stellungnahme heraus.

Ich habe Zweifel, ob die mittelalterlichen Scholastiker sich vor allem wegen der „Weltflucht" für Plotin und den Platonismus interessiert haben. Wenn ich etwa die Rolle des Neuplatonismus bei Nicolaus Cusanus betrachte, habe ich eher den gegenteiligen Eindruck. Die Wiederbelebung des Platonismus im späten Mittelalter dürfte geradezu ein wesentlicher Anreger für die enthusiastische „Weltfrömmigkeit" der Renaissance gewesen sein.

Es ist wohl wahr, dass das Streben nach den „höchsten Sphären" die eigentliche Bestimmung unseres Daseins ist. Aber das ist nur die halbe Wahrheit. Die andere Hälfte besagt, dass es die „Bestimmung" des Einen ist, sich zu entfalten. Eben darum gibt es die „niedere Welt". Für uns freilich gilt die Orientierung an ersterem, da wir in der Vielheit leben und uns nicht darin verlieren, sondern uns mit ihr zum Einen „zurück"wenden sollten.

Was ist „im besten Sinne resignativ"? Man mag an Plotins persönlicher Lebenseinstellung manches problematisch finden, aber in seiner Philosophie finde ich wenig Resignatives, gerade wenn ich die Schrift *Gegen die Gnostiker* noch mal bedenke.

Der Protestantismus hat in seinen überwiegenden Ausprägungen immer eine deutliche Abneigung gegen die Mystik gehabt. Ich finde das bedauerlich, ja auch schwer nachvollziehbar. (Vermutlich hat es mit einem überzogenen Sola scriptura-Verständnis zu tun.) Mystik ist wahrhaftig kein Luxus für die Religion, wohl eher ihr echter Kern. (Da bin ich mit Karl Rahner einig, der kurz vor seinem Tod gesagt haben soll: „Das Christentum der Zukunft wird ein mystisches sein oder es wird nicht mehr sein.") Im Evangelium Jesu scheint es mir geradezu darum zu gehen, dass im „Reich Gottes" Nächstenliebe und Mystik (als höchste Gottesliebe) auf einer Linie liegen. Man sollte das eine nicht gegen das andere ausspielen! Auch der Platonismus tut das nicht; ein guter Platoniker wird das Eine nicht auf dem Weg der Rücksichtslosigkeit finden, und auch nicht auf dem der Ignoranz.

Was verstehen Sie unter „unbedingten Normen"? Jesus hat am traditionellen Judentum die zahllosen Vorschriften kritisiert, um sie durch die eine „Norm" der Gottes- und Nächstenliebe zu ersetzen. Ähnlich ist für den

Platonismus die Ausrichtung auf das Eine hin die grundlegende Norm. Die Wege dorthin können hier wie dort vielfältig sein. Dass dabei keine hohe Verantwortung nötig sei, sehe ich nicht. – Ihren Ausdruck „inklusiver nicht-anthropozentrischer Humanismus" finde ich in seiner scheinbaren Paradoxie großartig. Ja, dass der Platonismus keine „letzte Strenge" habe, dürfte schon wahr sein. Aber mit der letzten Strenge hat es auch so seine Probleme. Jesus war in mancher Hinsicht streng, ja radikal, viel zu radikal für eine Religion der Vielen, die sich denn auch im Allgemeinen sehr schnell von dieser Radikalität (der Bergpredigt) abgewandt und lieber den Erlösungsmysterien von Kreuz und Auferstehung zugewandt haben, in denen sie eine eher passive Rolle spielen. – Dass das christliche Weltbild mit seiner Strenge in manchem übers Ziel hinausgeschossen ist, wurde mir als Jugendlicher zuerst im Reflektieren über die Hölle bewusst. Ich nahm die Menschen wie mich selbst als mittelmäßig und begrenzt wahr; und solche begrenzten Wesen sollten möglicherweise in der „ewigen Verdammnis" landen?! Das ist doch atemberaubend unangemessen. Da gefällt mir die katholische Konstruktion eines Fegefeuers (wohl am griechischen Hades orientiert) schon besser, auch wenn sie gar nicht biblisch, auch nicht jesuanisch ist. Aber sie ist wenigstens der menschlichen Wirklichkeit angemessener – wie der Platonismus. (Ich habe eine Freundin, die Altphilologie studierte und eine leidenschaftliche Platonikerin war, aber aus Mangel an Gesinnungsgenossen in die katholische Kirche eintrat, weil diese dem Platonismus noch am nächsten komme. Da ist zum Teil was dran – und auch an der Einschätzung der Protestanten, dass der Katholizismus irgendwie synkretistisch sei. Aber schadet das? Wäre es nicht seltsam, wenn der Geist nur in einem Buch wehte?) – Und ich denke des Öfteren an das Evangelium von dem reichen Jüngling, der zu schwach war, um alles zu verschenken und Jesus nachzufolgen. Dazu sagte Jesus in seiner Unbedingtheit: „Wer die Hand an den Pflug legt und zurückschaut, ist für das Reich Gottes nicht zu gebrauchen." Ich denke deshalb öfter daran, weil es in den Gesprächen des Konfuzius eine ganz ähnliche Situation gibt. Da kommt ebenfalls ein Jüngling zum Meister und klagt: „Ich ehre zwar des Meisters Worte, aber ich bin nicht imstande, ihnen zu folgen." Konfuzius reagiert darauf ganz anders als Jesus: „Wer nicht den ganzen Weg gehen kann, geht eben nur den halben. Aber das ist doch kein Grund, erst gar nicht loszugehen." Ja, das ist keine letzte Strenge, aber es ist menschlich (und als Norm für die Vielen viel besser geeignet als das ernst genommene Christentum). Damit will ich nicht sagen, dass die jesuanische Radikalität nicht beeindruckend wäre, aber die Vielen wissen in der Regel überhaupt nichts damit anzufangen. Da ist der Platonismus bei aller Vergeistigung wie der Konfuzianismus lebensnäher.

Sie sind offenbar ein ausgemachter Feind des Monismus. – Was ist da zu machen? – Immerhin dürften wir uns darauf verständigen können, dass Plotins geistiger Monismus etwas sehr anderes ist als der materialistische von Marx oder den herkömmlichen Naturwissenschaften. Und warum sollte der Dualismus weniger Ansprüche erheben, alles zu erklären und zu beherrschen als der Monismus? Heißt es doch nicht von ungefähr „Divide et impera!", und der Dualismus eines Descartes, der den formalen Grund für das materialistische Denken der Neuzeit gelegt hat, war ganz versessen darauf, alles zu erklären und zu beherrschen. Erst die neueste Naturwissenschaft windet sich aus dieser Einseitigkeit mühsam heraus, schätzt etwa wieder Leibniz, der die Wirklichkeit statt auf materielle Atome letztlich auf ausdehnungslose Punkte zurückführte. Auch der von Ihnen verehrte Carl Friedrich von Weizäcker hat ja so manche Lanze für den Platonismus und damit für einen Monismus im anderen Sinne gebrochen. Dass die Vorstellung von Polaritäten ein erfolgreiches Modell der Welterklärung ist, ist gar nicht zu bestreiten, aber es handelt sich dabei immer um „vorletzte Modelle", sicher auch bei dem jüdisch-christlichen und wohl überhaupt monotheistischen von Schöpfer und Geschöpf. Wie ich Ihnen schon einmal schrieb: Die 1 kommt (ontologisch) vor der 2 und die Einheit vor allen Zweiheiten und Vielheiten. Wenn das nicht wahr ist, verstehe ich überhaupt gar nichts. – Übrigens flüsterte Herr K. mir letztens zwischendurch zu: „Meines Erachtens gibt es gar keinen fundamentalen Dualismus, weil der schon immer die Vorstellung von Einheit voraussetzt." Darüber sollten wir länger nachdenken.

Einig bin ich mit Ihnen und dem christlichen Weltbild, dass jeder Mensch etwas Einmaliges in der Geschichte ist; ja ich gehe noch weiter und glaube, dass absolut alles einmalig ist – behaupte also das Gegenteil der Multiversen-Theorie, nach der alles unendlich oft vorkommt (das scheint mir in sich widersprüchlich zu sein, weil nichts isoliert, sondern alles in grenzenlosen Kontexten existiert, von daher nicht im strengen Sinne wiederholt werden kann) – nur glaube ich nicht, dass das das Allerwichtigste in der Welt ist. Auch wenn ich mich für ein ausgemachtes Individuum halte, ist es mir wichtiger, dass ich gleichwohl ein „Stück vom Ganzen, vom Einen" bin. Sonst wüsste ich auch nicht, wie ich gut sterben könnte.

Was Sie zuletzt über das Böse schreiben, so behauptet auch Plotin keineswegs, dass man es ausrotten könne, und auch er fordert wie die Christen die Abkehr vom Bösen. Nur hält er es nicht für eine substantielle Kraft, sondern für einen manifesten Mangel. Der kann wahrhaftig schlimm genug sein; da braucht man keine Tintenfässer nach dem Satan zu schmeißen.

Mit dem Zitat von Ebeling kommen Sie offenbar noch mal auf die angebliche platonische Weltflucht zurück. Flucht ist nichts Schönes, das ist wahr. Aber könnte man nicht mindestens ebenso vielen Christen vorwerfen, sie fliehen die Welt, wie den Platonikern? Man muss da gar nicht auf Nietzsche zurückgreifen. Ist nicht in jedem dritten evangelischen Kirchenlied davon die Rede, dass man sich aus dem "irdischen Jammertal" hinaussehnt? Ja, das ist wohl das „Aushalten" und „Ausharren in der Zeit", wovon Ebeling spricht und das er der Ewigkeit gegenüberstellt. Dieser Antagonismus entspricht in der Tat nicht den platonischen Vorstellungen und auch den meinen nicht. Das Ewige ist nicht einfach anderswo, vielmehr verwoben mit allem, was ist – so wie die 1 in allen Zahlen ist, ja diese, ungeachtet ihres jeweils einzigartigen Profils, letztlich aus gar nichts anderem bestehen als aus 1.So gesehen ist das Eine für die Platoniker nicht bloß eine jenseitige, schon gar nicht eine weltflüchtige Angelegenheit, ist doch die ganze Wirklichkeit letztlich nichts anderes als eine Modifikation des Einen (womit wir wohl bei Spinoza wären). Man könnte hier sogar eine gewisse Parallele zum jesuanischen „Reich Gottes" sehen, über das Jesus im apokryphen Thomas-Evangelium sagt: „Das Reich Gottes ist auf der Erde ausgebreitet; aber die Menschen sehen es nicht." Es tut uns allen dringend not, das mehr und besser zu sehen und hervortreten zu lassen, ob nun auf christlichem, platonischem oder sonst einem Weg. Eben darum will ich wie Plotin die Wirklichkeit „nicht schelten", sie vielmehr achten und ihren wie nicht zuletzt meinen eigenen Unzulänglichkeiten aufhelfen nach Kräften.

Vielleicht ist alles, was ich hier geschrieben habe, in gewisser Weise naiv, weil mir in meinem Leben „das Böse" oder „der Ernst des Lebens" nicht hinreichend begegnet ist. Alle menschlichen Perspektiven sind nun mal begrenzt, selbst die von Plotin. – Eine vertraute ältere Dame meinte einmal kopfschüttelnd auf meine Aussage, ich fühle mich gar nicht erlösungsbedürftig, das müsse wohl daran liegen, dass ich ein „fröhlicher Rheinländer" sei. Wer weiß?

[...]

An B.-D. K. über Martin Luther

Leist, den 18.2.2018

Lieber Herr K.

Danke für die Einladung zur Bibelwoche. Kommen werde ich aber wohl nicht. Ich denke, dass ich da nicht am rechten Platz wäre und eher stören würde, weil es wohl an der gemeinsamen Grundlage fehlt. Denn eigentlich bin ich, obwohl ich eine sehr hohe Meinung zu Jesus von Nazareth habe, gar kein Christ. Ich glaube an kaum einen Artikel des Glaubensbekenntnisses, ja halte es sogar für das Dokument einer unglücklichen Entwicklung im frühen Christentum, und die Bibel ist für mich ein Gemisch von wunderbaren Wahrheiten und fragwürdigen (mitunter sogar grauenhaften) Verirrungen des Menschen. (Wenige Theologen hatten bis jetzt, wie Dorothee Sölle, den Mut, diese entschieden zurückzuweisen; stattdessen wird immer noch alles Mögliche zurechtinterpretiert.)

In Bezug auf Luther, zu dessen Theologie Sie mir ja Ihre Vorträge geschenkt haben, kommt noch eine weitere Schwierigkeit hinzu. Ich bin mein Leben lang und eigentlich immer entschiedener ein erklärter Feind des antagonistischen Denkens gewesen. Und Luther ist ohne Zweifel ein ausgeprägter Vertreter dieses Denkens, wie früher schon Paulus und so viele andere (und später z.B. Ernst Moritz Arndt, den ich von daher, ungeachtet mancher kleinerer Verdienste, gar nicht schätze).

Vielleicht sollte ich es dabei belassen und zu Ihren Vorträgen nichts weiter sagen, um Sie nicht zu verletzen. Aber dann wäre unser Gespräch erstickt, und ich glaube doch unterstellen zu dürfen, dass Sie mir eine gewisse Aufrichtigkeit zugutehalten. Und immerhin haben Sie mir durch Ihre Vorträge Luther ein Stück weit verständlicher gemacht. Also dann:

Als ich vor über 30 Jahren aus der katholischen Kirche austrat, lag es mir ganz fern, in eine andere Kirche einzutreten, und gewiss nicht in die evangelische. Ich trat nicht gerade aus einem starken Widerwillen aus, vielmehr war mir alles entschieden zu eng geworden, das Katholische nicht „katholisch" genug (im wörtlichen Sinne). Zum Protestieren hatte ich hingegen nie eine starke Neigung – dazu habe ich vielleicht eine zu große Hochschätzung des dialektischen Denkens. Trotzdem habe ich an Luther immer seine beherzte und in den allermeisten Punkten treffliche Kritik an den damaligen kirchlichen Verhältnissen geschätzt, auch seine farbige, emotionale Sprache. Was er seinerseits inhaltlich als Alternative anbot, hat mich weit weniger überzeugt. Da kommt eben doch zum Tragen, dass wir gänzlich verschiedene, um nicht zu sagen entgegengesetzte „Typen" sind und die Welt grundverschieden ansehen. (Das gilt übrigens auch für seine mir nicht weniger fremden Kontrahenten wie Ignatius von Loyola.) Allein die diversen „sola" sind mir schon von Anfang an verdächtig und beengend gewesen. Nicht sola, lieber tota oder totissima, soweit das möglich ist!

Etwas gründlicher habe ich mich mit Luther nur einmal im Studium in Münster befasst, als ich mit zwei evangelischen Theologiestudenten Luthers Schrift *Über den unfreien Willen* und die *Über den freien Willen* von Erasmus von Rotterdam las. Die Lektüre hat meine Sympathie für Luther keineswegs vergrößert, wohl aber die für Erasmus, der sich auch die anderen Studenten nicht entziehen konnten. Dass der Mensch entweder von Gott oder vom Teufel „geritten" werde, widersprach meinem Menschenbild und meinen Lebenserfahrungen so ziemlich vollkommen – und das bis heute. Psychologisch fand ich den Streit geradezu kurios, da Luther als Willensmensch par excellence und Erasmus als der große skrupulöse Skeptiker beide Positionen vertraten, die ihrem persönlichen Temperament eigentlich entgegengesetzt waren – umso interessanter. Direkt unangenehm waren mir aber Luthers Worte: „Ich tausche hier keine Meinungen aus [wie du Erasmus], sondern stelle feste Behauptungen auf, und ich rate jedem, dass er Gehorsam leiste." Ja, das ist der rabiate Luther, dem die humanistische Tugend der moderatio ferner lag als alle anderen, ein Mensch, der seinem furor nur selten Einhalt gebieten wollte, bis hin zu den hemmungslosen Ausfällen gegen die Juden. Dies Beispiel zeigt übrigens, dass Ihre Vorstellung, Luther habe im Wesentlichen nur reagiert, in mancher Hinsicht nicht stimmen kann. (Oder waren die Juden zuvor über Luther hergefallen?) Sicher kann man Luther nicht für alles verantwortlich machen, was im Nachhinein an furchtbaren Dingen in Folge der Glaubensspaltung passiert ist (bis hin zum 30jährigen Krieg), aber Luther gehörte zu den Menschen, die dazu neigen, Öl ins Feuer zu gießen – und diese Menschen halte ich, mit Verlaub, für gefährlich. Erasmus dagegen sagte: „Ich liebe den Frieden in einem solchen Maße, dass mir selbst ein verlogener Frieden lieber ist als eine kriegerische Wahrheit." Eine solche Position ist nicht idealistisch und hat natürlich auch keine Lobby – weshalb Erasmus schon kurz nach seinem Tod auf Betreiben des gerade gegründeten Jesuitenordens auf den Index gesetzt werden konnte. (Ich erinnere mich noch an eine Münsteraner Vorlesung des katholischen Kirchenhistorikers Iserloh, in der er gegen Erasmus' Mangel an Parteilichkeit gewettert hat – schauderhaft.) Erasmus' Position findet aber ihre Rechtfertigung darin, dass so viele „Wahrheiten" (für die die Menschen unter Umständen zu sterben bereit waren) sich im Nachhinein als bloße Ansichtssachen herausstellten, während die Frage von Krieg oder Frieden unleugbar real ist, nicht nur historisch, sondern auch konkret zwischenmenschlich. Sie können sich von daher wohl vorstellen, dass für mich – ungeachtet meiner katholischen Vergangenheit, ja jenseits der aktuellen kirchlichen Verbrüderungstendenzen – das Gedenken an die Reformation keine rechte Feierstimmung aufkommen lässt; ich halte sie für eine zweischneidige Sache (wie die meisten Dinge dieser Welt).

Aber nun noch zu ein paar Aspekten Ihrer Vorträge anlässlich des Reformationsjubiläums. Ich gehe einfach der Reihenfolge nach vor:

Dass das ganze Leben des Glaubenden Buße sein soll (im Sinne der fortwährenden jesuanischen Umkehr), halte ich für einen guten Gedanken, und es ist auch wahr, dass der Mensch das Ziel der Ganzheitlichkeit nicht erreichen kann; aber meines Erachtens geht es hier nicht so sehr um das Ziel als um den rechten Weg – mit Goethe: „Es gilt wohl nur ein redliches Bemühen." –, eher um Perfektibilität als um Perfektion. Insofern halte ich das aristotelische „Programm" der Ganzheitlichkeit durchaus nicht für hochmütig, sondern für menschlich vernünftig. Es ist ein grundverkehrter Rigorismus, zu verzweifeln, bloß weil man das Höchste nicht erreicht. Darin sehe ich gerade keine Demut, vielmehr Anmaßung. (Solche Menschen verwechseln sich mit Göttern; und wenn sie merken, dass sie das nicht sind, bringen sie sich mit Vorliebe um, wie z.B. Heinrich von Kleist.) Die Welt ist ein Schauplatz der Bewährung und Verbesserungsmöglichkeiten, mehr nicht.

Geradezu unglücklich finde ich Ihre Sätze, wonach man rechte Buße übe, „indem man nicht man selbst wird". Hier spricht sich Luthers von Ihnen so klar diagnostiziertes und offenbar auch geteiltes negatives Verhältnis zum Ich aus. – Als Student habe ich einmal die Auffassung vertreten, dass es das Ich vielleicht gar nicht gebe (was meine damalige Freundin vor Empörung im Dreieck springen ließ). Heute denke ich eher, dass es eine Frage der Perspektive ist (wie so vieles). Jedenfalls habe ich das Ich und das Selbstwerden eher mehr schätzen gelernt. Es ist nicht der Himmel, den manche irrtümlich in ihm suchen, aber es ist ein brauchbares Organ, ja ein Organ Gottes (wie übrigens auch die Rationalität und die Kritikfähigkeit)! Denn was Luther und viele Gläubige offenbar nicht genug verinnerlichen: Jesus zufolge wird Gott im Nächsten gefunden – ich würde hinzufügen: in jedem Offensein für das Andere, auch in der sonstigen Natur (was leider im Juden- und Christentum wegen der Zurückweisung der Naturreligion unterbelichtet ist). Zu dieser Überschreitung des Ichs brauche ich aber das Ich, und zwar gründlich! Nur wer bei seinem Ich angekommen ist, kann es auch in Frieden loslassen, aufs Du hin, aufs Ganze (das man Gott nennen mag). – Um Ihnen zu zeigen, dass das nicht einfach meine moderne, religiös dürftige Meinung ist, will ich Ihnen meinen lieben niederrheinischen Landesgenossen Thomas von Kempen aus dem 15. Jahrhundert zitieren (aus dem Kapitel „Von der Wachsamkeit über sich selbst“ der *Nachfolge Christi*): „Wo bist du denn, wenn du dir selbst nicht gegenwärtig bist? Und wenn du überall gewesen bist, doch bei dir selber nicht, was hättest du gewonnen? Willst du den Frieden und willst du wahrhaftig eins mit dir selbst werden, dann musst du alles übrige hintansetzen und nur dich selbst als Ziel vor Augen haben.“ Diese Selbstbesinnung muss überhaupt nicht im Widerspruch zur Offenheit für Gott und den Nächsten stehen, vielmehr dient sie ihr. Wir müssen gar nicht ein „ganz anderer“ werden, vielmehr sollten wir über uns hinaus*wachsen*. Ein Baum, der wächst, verändert sich, aber er verlässt sich nicht.

Luthers negatives Ich-Verständnis hat weitreichende Folgen, auch für sein Gottesbild. Nahezu gänzlich unverständlich ist mir seine Vorstellung eines naturnotwendigen Atheismus. Wieso um alles in der Welt kann ich nicht wünschen, dass Gott Gott ist? Das kann ich nur dann nicht wünschen, wenn ich einen unerträglich tiefen Graben zwischen mir und Gott sehe und mich von daher in Angst verloren fühle. Wie kommt man dazu, und ausgerechnet als Christ, da Jesus doch wie kaum jemand sonst die göttliche Nähe, ja das Leben in Gott verkündet hat?! Da muss doch etwas völlig missverstanden sein! Verantwortlich für diese angsterfüllte Entstellung dürfte freilich nicht Luther in erster Linie sein, sondern schon Paulus, und Augustinus hat noch weiter in diese Kerbe geschlagen. (Fatalerweise hat Luther ausgerechnet auf diese beiden Theologen große Stücke gehalten.) Ach, es ist wirklich ein Jammer um die Entstellungen der Botschaft Jesu! Schon beim Lesen der Evangelien hat man den Eindruck, dass die Jünger nicht recht verstanden, worum es im Reich Gottes eigentlich ging – leider auch mein verehrter Namenspatron nicht –, und später wurde es noch schlimmer.

Manche Missverständnisse sind offenbar nurmehr sprachlicher Art, wie die Sache mit „Gottes Gerechtigkeit“ oder der „Rechtfertigung“, die Sie erhellend angesprochen haben. Es wäre freilich zu wünschen gewesen, dass Luther selbst hier nicht nur ein Verständnisproblem gesehen hätte, sondern, eben weil die Begriffe bis heute so missverständlich sind, andere kreiert hätte. (Manchmal muss man sich doch beherzt über verkehrte Begriffe hinwegsetzen, auch wenn sie in der Bibel stehen!) Aber auch das änderte aus meiner Sicht nur wenig an vielen fragwürdigen Grundeinstellungen Luthers, die das Ich und Gott betreffen. Wenn Gottes Gnade die beständige Beziehung zu Gott ist, wie Sie sie für Luther schön herausarbeiten, warum macht er (und andere Reformatoren) dann ein derartiges Theater um die Rechtfertigung etc.? Jesu Botschaft war doch: „Kehrt um, denn das Reich Gottes ist nahe!“ Warum konnte man an dieser wahrhaft frohen Botschaft kein Genügen finden? Warum musste man das furchtbare Ende am Kreuz verklären und noch lauter Mysterien draufsetzen, die (physisch interpretierte) Auferstehung, den Hl. Geist etc.? Je länger ich mich mit der Genese des Christentums beschäftige, desto weniger Verständnis habe ich dafür. Und die Protestanten haben gutgläubig auf das Urchristentum vertraut und glaubten, das sei eine heilsame Alternative zur korrupten katholischen Kirche. Von wegen! Die Entstellung fing am Ostermorgen an (oder schon Karfreitag?). – Entschuldigen Sie bitte die Ereiferung. Mir tut es nur so leid um das viele Gute, was in 2000 Jahren hätte sein können und so wenig gewesen ist. Da wäre man wirklich besser bei der noblen, tiefsinnigen platonischen Philosophie geblieben, deren spätantiker Untergang eigentlich auch ein großer Jammer ist – und dies für ein entstelltes Christentum und eine inzwischen weitgehend korrumpierte Christenheit, die schon im 4. Jahrhundert nicht nur der Kaiser Julian Apostata höchst fragwürdig fand. Immerhin ist es ein gewisser Trost, dass Leute wie Nikolaus von Kues ihr Bestes getan haben, um vom Platonismus noch etwas zu retten.

Luthers hochgeschätzte Schrift *Von der Freiheit eines Christenmenschen* scheint tatsächlich eine seiner besten zu sein. Allerdings wird sie, wie Sie auch bemerken, oft aus falschem Munde gelobt, so als nehme sie etwa das Menschenbild der Aufklärung vorweg. Das tut sie gerade nicht. (Ein „empirischer" Menschenfreund wie Erasmus war da viel näher dran.) Für Luther hängt alles, und zuvorderst die Freiheit, am Glauben, offenbar noch mehr als für Paulus – und das will schon was heißen! –, der im Korintherbrief die Liebe über den Glauben stellt (wie auch Erasmus). Was aber heißt eigentlich Glauben? An Gott? An Jesus Christus? An das, was im Credo gesagt wird? Das ist doch nicht einfach dasselbe. – Ich habe es freilich leicht mit dem Glauben. Ich glaube an den Gott des Ganzen, an einen Gott, den man nicht verfehlen kann. Ein Gott, den man verfehlen könnte, käme mir wie ein Götterchen vor, vielleicht so wie die griechischen Götter (weshalb schon Platon fand, dass seine Landsleute nicht angemessen vom Göttlichen reden). Luther und andere Christen seiner Zeit waren offenbar von der Angst getrieben, sie könnten Gott verfehlen oder umgekehrt Gott könne sie verfehlen, was mir noch absurder vorkommt. Verfehlen kann ich Gott nur in meinem Bewusstsein, nicht in meiner Existenz; und meine Existenz reicht viel weiter als mein Bewusstsein. Ja, meine Seele existiert im tiefsten Grund in Gott selbst, wie unter den Mystikern besonders Meister Eckhart eindrucksvoll dargestellt hat. (Darum fand ich es so erschreckend, geradezu verheerend, dass die modernen protestantischen Christen offenbar kaum noch glauben, dass sie eine Seele haben oder vielleicht besser gesagt: in einer Seele leben. Was ist von so einer Religion noch zu erwarten?) Und wenn ich Gott in meinem Bewusstsein verfehle, so kann das tatsächlich üble Auswirkungen haben, muss es aber nicht einmal. Man kann ein Gottloser von der Art Hitlers werden, man kann aber auch ein stockatheistischer Ungläubiger sein und dabei trotzdem gute Werke am Andern tun. Für Luther scheint das kein großer Unterschied zu sein: beide landen vermutlich in der Hölle. Nein, Luther irrt, dass alles am Glauben hängt. Es hängt alles an der Liebe oder der Hingabe. Und da ist man schon bei Gott und braucht gar keinen Extraglauben. Und die guten Werke hätte Luther besser auch nicht derartig abgewertet.

Wir gehören nicht Gott oder dem Teufel, wie Luther glaubt. Das ist ein heidnischer Antagonismus, der nichts von der Ganzheit des Reiches Gottes weiß. Wir gehören samt und sonders Gott, auch die Ameisen, auch die Juden, auch die Franzosen und sogar die Deutschen. Und den Teufel gibt es nicht. Dass die Menschen (leider auch Jesus) auf seine Vorstellung verfallen sind, liegt nur daran, dass sie, wie Luther wohl auch meint, imstande sind, von Gott wegzuschauen. Aber dieses Wegschauen ist wiederum kein antagonistisches Entweder-Oder, vielmehr ein Mehr-oder-weniger. Ich erzählte Ihnen und Ihrer Frau schon, dass mir an dieser Stelle der überkommene Kinderglaube zuerst verdächtig wurde. Ich beobachtete, dass die Menschen nicht einfach gut oder böse sind, auch nicht einfach gläubig oder ungläubig; und dass darum die Vorstellung der ewigen Verdammnis unglaubwürdig ist. (Die der ewigen Seligkeit vielleicht auch; aber hier könnte man auf die unerforschliche göttliche Gnade hoffen, während ein Gott, der die ewige Verdammnis verordnet oder gar prädestiniert, nur ein Ungeheuer wäre und sich damit als Gott aufhebt.) Dass es in diesem Leben böse Gesinnungen, böse Handlungen und Schuld gibt, leugne ich überhaupt nicht; die Welt ist leider voll davon, da wir nun mal in einer Welt der Unvollkommenheiten leben. Aber die sind nicht ihr eigentlicher Grund, schon weil sich aus dem verneinenden Prinzip gar kein Sein aufbauen lässt. Darum kann letztlich auch nur das Erstreben des Guten uns als Orientierung dienen, viel mehr als die Bekämpfung des Bösen. (Das hat Jesus selbst weit besser gesehen als alle seine Anhänger.) Und immerhin ist diese Welt, bei allem Schrecklichen, was darin geschieht, andererseits so wunderbar, dass das Gute und Schöne nicht zu übersehen ist und uns auf den rechten Weg bringen kann. (So sehen es nicht nur die Platoniker, auch z.B. die Taoisten.) Leider haben die Christen wie die Juden immer viel zu wenig im Buch der Natur gelesen. Sie hätten darin manchen Trost finden können.

Genug. Für Sie mag die Perspektive „Vorwärts zu Luther" manches Fruchtbare enthalten, für mich kaum. Ich bleibe da lieber gleich bei dem für meine Ohren ganz anders klingenden „Vorwärts zu Jesus", dessen Botschaft, ungeachtet des einigermaßen dramatischen Niedergangs der Kirchen, noch keineswegs ausgeschöpft sein dürfte. (Viel besser als ich das selber könnte, hat das z.B. Eugen Drewermann entfaltet.)

Es wäre noch viel Weiteres zu erörtern, aber ich habe schon viel zu viel geredet. Diese Untugend habe ich vielleicht tatsächlich mit Luther gemein. (Ich war erstaunt, dass er seine Fehler – „zu viel essen, zu viel reden, zu viel zürnen“ – so gut kannte, wo man doch oft den Eindruck von Menschen früherer Jahrhunderte hat, dass es mit ihrer Introspektion nicht so weit her war. Erasmus war auch da eher eine Ausnahme.) Einem Protestanten gegenüber, der das Wort über alles schätzt, darf man sich das viele Reden vielleicht erlauben; aber eigentlich muss ich selber mit Goethes Faust bekennen: „So hoch kann ich das Wort unmöglich schätzen.“ – wie auch Konfuzius, der oft des Lehrens müde war und einmal zu seinem Schüler Dsi Gung sagte: „Ich möchte lieber nichts reden.“ Dsi Gung erwiderte: „Wenn der Meister nichts redet, was haben dann wir Schüler aufzuschreiben?“ Der Meister sprach: „Wahrlich, redet etwa der Himmel? Die vier Zeiten gehen ihren Gang, alle Dinge werden erzeugt. Wahrlich, redet etwa der Himmel?!“

[...]

An B. H. zu Wolf Krötkes *Gottvergessenheit und Atheismus im Alltag*

Leist, den 3.12.2018

Lieber Herr H.

Ihr Vortrag zur „Gottvergessenheit“ auf der Grundlage von Wolf Krötkes Text hat mir noch weiter zu denken gegeben. In W. habe ich mich zurückgehalten, weil ich dieses fundamentale Problem für die Kirchen zwar sehe, aber selber seit über 30 Jahren keiner Kirche mehr angehöre. Trotzdem ist es mir nicht gleichgültig, wenn es mit ihnen mehr und mehr „den Bach runter geht“. Und das hat ja zentral mit der von Krötke diagnostizierten allgemeineren Gottvergessenheit zu tun, gegen die auch engagierte Werbestrategien bzw. Missionen nicht anzukommen scheinen.

Auf dem Rückweg im Auto sagte Herr J. zu mir: „Es war kaum die Rede davon, inwiefern die Kirchen vielleicht selbst eine Ursache für die Gottvergessenheit sind.“ Er hatte das in der Runde nicht sagen wollen. Nun bin auch ich selber nicht nur ein theologischer Laie, sondern auch ein Skeptiker gegenüber dem dogmatischen Christentum. Erlauben Sie trotzdem, die Sache hier einmal zu erwägen; denn es könnte sich da in der Tat um eine Art blinden Fleck handeln.

Natürlich sind die Kirchen in ihrem Selbstverständnis davon erfüllt, von Gott zu sprechen. Sie fragen sich allenfalls: Warum erreicht das heute nicht mehr Adressaten? (Reformatorisch hätte man vielleicht gesagt: Hat Gott nicht mehr Menschen die Gnade des Glaubens geschenkt?)

Ich fürchte, die Kirche ist in einer Sackgasse, im Grunde schon sehr lange, genauer gesagt: seit dem 4. Jahrhundert, als sie sich mit dem Staat zusammentat und damit (jedenfalls als Institution) strukturell einem Denken verfiel, das schon sehr weit von der Botschaft Jesu entfernt ist. Dieser Pakt war, gesellschaftlich betrachtet, wohl nicht so schlecht wie sein heutiger Ruf, denn in der Völkerwanderungszeit und im darauf folgenden Mittelalter lag darin ein wertvoller gesellschaftlicher Stabilisierungsfaktor. In der Reformationszeit bestand vielleicht erstmals die Chance, diesen Pakt aufzukündigen – hatte Thomas Müntzer dergleichen im Sinn? –, aber Martin Luther hielt es dann doch sehr bald für nötig, die Verbindung von „Thron und Altar“ in neuer Form wiederherzustellen. Die „Verbürgerlichung des Christentums“ ist daraufhin im Protestantismus (vor allem seit der Aufklärung) noch weiter fortgeschritten als in der katholischen oder den orthodoxen Kirchen. In unseren Tagen hat der liberale (wenn auch katholische) Theologe Küng gemeint, man müsse das Christentum so predigen, dass es auch ein reicher deutscher

Zahnarzt akzeptieren könne, was Johann Baptist Metz nicht von ungefähr aufgebracht hat, denn diese Form von Anpassungsbereitschaft ignoriert offenkundig das jesuanische widerständige „Ich aber sage euch...“. – Eine Diagnose der heutigen Gottvergessenheit könnte also die viel zu große Anpassung der Kirchen (insbesondere der evangelischen) an die gesellschaftliche Normalität sein; die christliche Predigt von Gott fällt einfach nicht mehr auf, und das obwohl das Christentum eigentlich schlechter zum Kapitalismus passt als zu fast jeder anderen Gesellschaftsform.

Die Sache wird aber dadurch wesentlich verschlimmert, dass der allzu normalbürgerliche Ton der Verkündigung in einem atemberaubenden Kontrast zu den nach wie vor tradierten dogmatischen Inhalten des Christentums steht, die im Grunde alles andere als „normal“ sind. Das bemerkt der Insider qua Gewohnheit zwar kaum, für die vielen Außenstehenden ist es aber so verwirrend und absurd, dass sie mittlerweile gar nichts mehr verstehen und darum die Sache satt haben. Nun hat mir zwar Herr K. bedeutet, in der evangelischen Kirche gebe es eigentlich gar keine feste Dogmatik; aber das kann ich nicht wirklich glauben (noch weniger als dass die Evangelischen inzwischen ohne Seele auskommen sollen). Womit hat sich denn ein Theologe wie Karl Barth sein Leben lang beschäftigt? Und selbst wenn das für die Lutheraner nicht gilt, so gilt doch gewiss das Glaubensbekenntnis. Und ist das etwa keine Sammlung von verbindlichen Lehrsätzen, also Dogmen?

Und hier liegt ein weiterer, viel schwerer wiegender und schwerer zu heilender Diagnosepunkt der Gottvergessenheit. Mir scheint, mit diesem verbindlichen Glaubensbekenntnis, das ja schließlich auf Betreiben des (damals noch heidnischen) Kaisers Konstantin mehr oder weniger erzwungen wurde (um ein Ende der Streitereien und einen eindeutigen Ansprechpartner zu haben), hat sich die Christenheit keinen großen Gefallen getan (wohl aber der Staat). So lang es auch die Kirche(n) mehr oder weniger zusammengehalten hat, heute fällt die Festlegung des Credo ihr auf die Füße. Viele von den darin formulierten Inhalten werden im wörtlichen Sinne wohl nur noch von Fundamentalisten wie den amerikanischen Evangelikalen geglaubt. (Ich kenne z. B. keinen Evangelischen, der die Jungfrauengeburt im wörtlichen Sinne glaubt; die meisten halten das für eine katholische Kuriosität, sie steht aber im Credo. – Dafür würde ich lieber nicht den Hl. Geist zur Rechenschaft ziehen.)

Aber damit sage ich im Grunde, dass die Sackgasse nicht erst im vierten Jahrhundert entstand, sondern bereits im ersten eingeleitet war, nicht zuletzt bei Paulus. Die ganze dogmatisierende Christologie mit allem was daran hängt, die Abendmahls-, Kreuzes- und Auferstehungstheologie, die Gottheit Jesu Christi, die Trinitätslehre etc. hat sich meines Erachtens zwischen die

Menschen und ihr unmittelbares Verhältnis zu Gott geschoben, wie es gerade Jesus in einzigartiger Weise vertreten und gelebt hat. Damals konnte die erstaunlich weitgehende Anpassung des Christentums vor allem an das platonische Denken mit seinem Ideenhimmel zwar viele überzeugen, heute aber gar nicht mehr. Platoniker sind höchst selten geworden und wenn es sie noch gibt, so möchten sie sicher (wie damals schon Porphyrios oder Proklos) ihre schönen abstrakten Vorstellungen etwa von metaphysischen Trinitäten nicht durch eine eigenartige christliche Adaption verunklärt sehen. Und viele Christen möchten ihrerseits im Grunde gerne den ganzen antik-philosophischen Ballast abwerfen, aber sie können es nicht. Schon die Reformatoren hatten das ja mit ihrem versuchten Rückgang zum Urchristentum im Sinn, und es ist ihnen nicht gelungen. Denn bereits das Urchristentum war gänzlich durchsetzt mit Vorstellungen, die an der eigentlichen frohen Botschaft Jesu vorbei gingen. Paulus z.B. scheint sich damit verblüffend wenig beschäftigt zu haben. Ihm ging es um die Christologie, um den Glauben *an* Christus, an seine Auferstehung etc., aber kaum um das, was Jesus selber gepredigt und gelebt hat; das scheint ihn fast nicht interessiert zu haben. Die Kirche schätzt diese Überhöhung als Kerygma. Aber ist sie wirklich so schätzenswert oder hat sie nicht eher Jesus und seine Botschaft den Menschen ferngerückt?

Ich will hier aber nicht als bloßer Destrukteur auftreten. Vielmehr frage ich mich seit langem, was die Kirche (wenigstens theoretisch) besser machen könnte, um die besagte Gottvergessenheit zu überwinden. [...]

Der entscheidende Punkt wäre meines Erachtens die durchgreifende Entdogmatisierung des Christentums. Es hat dafür, erstaunlicherweise gerade in der zuerst so kompromisslos aufgetretenen evangelischen Kirche, schon früher eindrucksvolle Ansätze gegeben. Hier ist der herrliche Schleiermacher zu nennen mit seiner Klarstellung, dass es in der Religion auf „Sinn und Geschmack fürs Unendliche" ankomme, aber Metaphysik eine primär philosophische Angelegenheit ist (die die meisten inzwischen für obsolet halten) und nicht eine zentral religiöse. Das macht viele dogmatische Formulierungen zweifelhaft oder überflüssig. (Es wundert einen fast, dass er deswegen nicht noch mehr Theologenkollegen gegen sich aufgebracht hat.) Auch die (aus calvinistischer Sicht schon naheliegende) Relativierung von Riten und anderen Traditionen – womit es nicht unbedingt um deren gänzliche Abschaffung geht – wäre nötig, um auf die jesuanische Offenheit und Direktheit zurückzukommen.

Für die „Verjenseitigung" des Christentums ist, vielleicht noch mehr als der erwähnte (eher relativierende) Platonismus, der Einfluss der radikalen Gnosis mit ihrem harschen Dualismus verantwortlich. Jesus aber lehrte, dass wir Gott nicht jenseitig dieser angeblich durch und durch bösen Welt erkennen und finden, vielmehr im Nächsten. Dadurch hat er die „Welt“ großartig aufgewertet – aber wer in diesem „Jammerthal“ hat das verstanden? –, ganz anders als etwa Johannes der Täufer oder auch Paulus mit seinen Reden zur „Weltüberwindung“. (Und damit ist Jesus natürlich auch kein verkappter Buddhist gewesen.) Darum kann er auch so schön im Thomas-Evangelium sagen: „Das Königreich des Vaters ist ausgebreitet über die Erde, aber die Menschen sehen es nicht.“ Oder auch: „Die Auferstehung, die ihr erwartet, ist schon gekommen, aber ihr seht sie nicht.“ – Wahrhaftig, man hat sie fast 2000 Jahre an der falschen Stelle gesucht! Es geht nicht um die Auferstehung des Leibes – was soll eigentlich derartig wichtig an ihm sein? –, sondern um die Auferstehung im Geist. (Da werden Sie vielleicht sagen, das sei nun aber wiederum eine Anwendung des Platonismus auf das Christentum. Wenn es so ist, so ist es jedenfalls eine fruchtbarere als im Falle der Trinität.)

Es müsste verdammt viel aufgeräumt werden im Christentum, wenn es der Gottvergessenheit der Menschen auf breiter Basis abhelfen soll. Aber vielleicht ist der Kirche inzwischen die “Kleine Herde“ lieber, weil man dann nicht viel verändern muss? – Das zeigt sich im Fall des Theologen Klaus-Peter Jörns, dessen Buch *Notwendige Abschiede* ich mit Begeisterung gelesen (und anschließend mit ihm korrespondiert) habe. Seine Aufräumung ist wirklich erfrischend, und ich kann sie keineswegs willkürlich finden, vielmehr in vielem ganz überzeugend argumentiert (zumal wenn ich seine Argumente mit weiteren Forschungen zur frühen Christenheit in Beziehung setze). Aber anstatt diesem Mann dankbar zu sein und seine Initiative aufzugreifen, wird er von den meisten Kollegen weidlich verketzert und wie ein rotes Tuch behandelt, nicht zuletzt (wie ich aus dritter Quelle erfahren habe) von Herrn Bedford-Strohm.

Im Grunde ist es Dorothee Sölle nicht viel besser gegangen; man hat sie jedenfalls nicht durchkommen lassen. Sie hat den Kollegen auch zu viel aufgeräumt, die Botschaft Jesu zu sehr auf den Punkt gebracht, vor allem mit ihrem wunderbaren Aufsatz *...daß wir lieben können*, eine Predigt von nicht leicht zu überbietender Einfachheit und Lapidarität, die die ganzen historisch-philosophischen Ballast überschreitet und schlicht darum weiß, worauf es (mit Jesus) ankommt.

Wenn die Kirche von solchen Menschen nichts lernen will, ist es klar, dass es weiter bergab mit ihr gehen wird; und es ist in diesem Fall nicht einmal schade drum, denn das Untaugliche muss absterben. Schade aber ist es um die vielen Menschen, die in der Gottvergessenheit bleiben, obwohl die Botschaft Jesu in einer orientierungsschwachen Zeit wie heute die größte Konjunktur haben könnte, ja müsste, wenn sie wachrüttelnd und begeisternd (und nicht bürgerlich-normal und auch nicht dogmatisch) gepredigt würde. Aber der echte „Enthusiasmus" hat sich leider nach und nach aus den Kirchen verflüchtigt, besonders aus den protestantischen; vielleicht ist er auch dem modernen nordischen Menschen peinlich und die Kirchenvertreter sind selber an erster Stelle Bürger und nicht Gottbegeisterte. Aber wie soll es ohne Enthusiasmus Religion geben? Wie soll Gott in der „normalen" Banalität gefunden werden? Ist er nicht der Herausreißende?! Ohne starken „Aufbruch" (im doppelten Sinne) kann er nicht gefunden werden. Das hat Jesus (und in ähnlicher Weise viele Propheten und Heilige – auch die anderer Religionen) mehr als deutlich vorgelebt.

Ich habe schon viel zu viel geschrieben und muss doch noch auf einen mir wichtig erscheinenden Punkt kommen, den ich bei Krötke sehr hellsichtig finde, den Sie aber gar nicht erwähnt haben. Er spricht zu Beginn des letzten Teils „Gott vergessen als Problem des christlichen Glaubens" davon, dass der Monotheismus die Gottvergessenheit erst möglich gemacht habe, weil der „Glaube an den einen, der Welt *jenseitigen* Gott ... die Welt *entgöttert*" hat. Dieser eine Gott ist nämlich nicht der umfassend Eine oder wohl besser gesagt: das Eine (etwa im Sinne Plotins), vielmehr ein Bestimmter, Einziger, „der Gott Abrahams, Isaaks und Jakobs", und darum kann man ihn auch leicht verfehlen oder gar vergessen. (Und die Juden reiten noch heute auf dieser fragwürdigen Einzigartigkeit herum. Die Christen, mit Ausnahme der Zeugen Jehovas, haben wenigstens darin gut getan, dass sie nicht auf dem Namen Gottes sitzenblieben, sondern ihn im Allgemeinen als namenlos verstehen. In dieser Hinsicht hat Paulus mit seiner Verallgemeinerung etwas Gutes bewirkt.) Jesus hat aus meiner Sicht diese Isoliertheit eines jenseitigen Gottes überwunden, indem er Gott ganz persönlich „Vater" nennt, und zwar (unter Berufung auf Psalm 82) nicht nur seinen Vater, sondern den Vater aller, und dass er ihn in dieser Welt, im Nächsten, erkennt. So holte er Gott zurück in die Welt. Leider scheinen die meisten seiner Jünger mit dieser neuen Perspektive irgendwie überfordert gewesen zu sein.

Wenn Karl Barth sagt, es gebe „keine Menschenlosigkeit Gottes", so möchte ich ihm darin (ganz ausnahmsweise) einmal zustimmen, doch schon sein Vorsatz, es gebe "zwar eine Gottlosigkeit des Menschen", ist mir letztendes fragwürdig. Wenn die Rede von Gott als einem Gott des Ganzen einen Sinn machen soll – und ein Sondergott ist nicht mehr als ein Götze –, dann ist auch der scheinbar Gottlose in Gottes Hand. (Ich gebe freilich zu, dass Jesus selbst manchmal anders geredet zu haben scheint; da wäre dann etwas Inkonsistentes in seiner Predigt – er war halt „auch nur ein Mensch".) Ich denke, es gibt weder eine Gottlosigkeit der Welt, noch eine Weltlosigkeit Gottes. Gott und Welt müssen zusammengedacht und -gelebt werden. Da sind wir nun nahe bei Spinoza, und den haben die Theologen aller Konfessionen verabscheut wie der Teufel das Weihwasser – außer Schleiermacher, der ihn hoch verehrte! – Ja, vielleicht sollten die Christen und ihre Kirchen, um der Gottvergessenheit abzuhelfen, ganz unkonventionell mehr dazu tun, den „Sinn und Geschmack fürs Unendliche“ wieder zu entwickeln und dabei mit Jesus im Endlichen anfangen.

Printed by Books on Demand GmbH, Norderstedt / Germany